“十三五”高职高专会计专业工学结合规划教材

管理会计实务

主　编　周平芳　田开圣　王先利
副主编　杨　莉　罗国梅

中国财富出版社

图书在版编目（CIP）数据

管理会计实务 / 周平芳，田开圣，王先利主编 .—北京：中国财富出版社，2016.3
（“十三五”高职高专会计专业工学结合规划教材）
ISBN 978 - 7 - 5047 - 6013 - 5

Ⅰ.①管… Ⅱ.①周… ②田… ③王… Ⅲ.①管理会计—高等职业教育—教材
Ⅳ.①F234.3

中国版本图书馆 CIP 数据核字（2016）第 001906 号

策划编辑 寇俊玲　　**责任编辑** 齐惠民　倪嘉彬
责任印制 何崇杭　　**责任校对** 杨小静　　**责任发行** 敬　东

出版发行 中国财富出版社
社　　址 北京市丰台区南四环西路 188 号 5 区 20 楼　　**邮政编码** 100070
电　　话 010 - 52227568（发行部）　　010 - 52227588 转 307（总编室）
010 - 68589540（读者服务部）　　010 - 52227588 转 305（质检部）
网　　址 http://www.cfpress.com.cn
经　　销 新华书店
印　　刷 中国农业出版社印刷厂
书　　号 ISBN 978 - 7 - 5047 - 6013 - 5/F·2531
开　　本 787mm×1092mm　1/16　　**版　　次** 2016 年 3 月第 1 版
印　　张 9.5　　**印　　次** 2016 年 3 月第 1 次印刷
字　　数 225 千字　　**定　　价** 24.00 元

前言

管理会计是将现代管理与会计融为一体，并为企业经营管理者提供决策支持的信息系统。自其从传统的财务会计分离出来之后，经历了两个重要阶段：一是以规划、控制为主的传统管理会计阶段；二是以预测、决策为主的现代管理会计阶段。随着经济的不断发展，越来越多的国家加大了应用和推广管理会计的力度，越来越多的最新研究成果被迅速应用到企业的管理实践中。

为了更好地将管理会计丰富的知识内容用简单明了的语言表达出来，本书的编者将传统的管理会计理论与现代的管理会计理论进行了有机的结合，并将编者多年的教学经验融合到教材中，力求理论联系实际，使读者通过本书的学习，掌握现代管理会计的基本理论和方法，具备从事经济管理工作的业务知识和工作能力。

全书分为九个项目，主要包括管理会计的认识、成本性态分析、变动成本法、本量利分析、短期经营决策、长期投资决策、全面预算的编制、标准成本控制、责任会计。

本书由北京富海盛市政工程有限公司财务经理周平芳担任主编，负责设计总体框架、编写大纲、修订和审核各项目的工作；北京市朝阳区地方税务局田开圣担任主编，负责项目一和项目二的撰写；中国医药保健品进出口商会王先利担任主编，负责项目三和项目四的撰写；北京自动化控制设备研究所杨莉担任副主编，负责项目五的撰写；北京粮食集团有限责任公司罗国梅担任副主编，负责项目六的撰写；中国人民解放军62030部队石钢参编，负责项目七的撰写；北京吉利学院赵源参编，负责项目八的撰写；中国人民解放军62030部队刘晶参编，负责项目九的撰写。

鉴于编者水平有限，尽管我们在撰写过程中尽了最大的努力，但是疏漏之处在所难免，在此希望各位同行、读者批评指正，以便我们进一步完善与修改，另外在本书编写过程中，还得到了北京盈开财税咨询有限责任公司案例咨询方面的大力支持，在此表示感谢。

编　者

2015年10月

目 录

项目一 管理会计的认识 ………………………………………… (1)
学习情境一 管理会计的形成和发展 ………………………………… (2)
学习情境二 管理会计的基本职能 ……………………………………… (5)
学习情境三 管理会计和财务会计的关系 …………………………… (7)

项目二 成本性态分析 ………………………………………………… (9)
学习情境一 成本的一般分类 ………………………………………… (10)
学习情境二 成本性态分析 …………………………………………… (12)
学习情境三 混合成本的分解方法 …………………………………… (14)

项目三 变动成本法 …………………………………………………… (18)
学习情境一 什么是变动成本法 ……………………………………… (19)
学习情境二 如何区分变动成本法和完全成本法 …………………… (20)
学习情境三 对变动成本法的评价 …………………………………… (24)

项目四 本量利分析 …………………………………………………… (27)
学习情境一 什么是本量利分析 ……………………………………… (28)
学习情境二 如何进行盈亏平衡分析 ………………………………… (32)
学习情境三 如何预测和实现目标利润 ……………………………… (39)
学习情境四 敏感分析 ………………………………………………… (42)

项目五 短期经营决策 ………………………………………………… (47)
学习情境一 什么是决策分析 ………………………………………… (48)
学习情境二 短期经营决策分析的常用概念和方法 ………………… (50)
学习情境三 短期经营决策的案例分析 ……………………………… (53)

项目六　长期投资决策 …… (71)
学习情境一　什么是长期投资决策 …… (72)
学习情境二　长期投资决策需要考虑的具体因素 …… (73)
学习情境三　如何进行长期投资决策 …… (85)
学习情境四　长期投资决策应用举例 …… (93)

项目七　全面预算的编制 …… (99)
学习情境一　什么是全面预算 …… (100)
学习情境二　全面预算 …… (103)
学习情境三　如何编制全面预算 …… (106)

项目八　标准成本控制 …… (118)
学习情境一　什么是标准成本控制 …… (120)
学习情境二　如何制定标准成本 …… (122)

项目九　责任会计 …… (130)
学习情境一　什么是责任会计 …… (130)
学习情境二　如何进行责任中心的业绩评价与考核 …… (132)
学习情境三　如何制定内部转移价格 …… (142)

参考文献 …… (145)

项目一　管理会计的认识

知识目标

(1) 掌握管理会计的基本概念和基本技能；

(2) 熟悉管理会计的发展历程；

(3) 理解管理会计与财务会计的区别和联系。

能力目标

判断管理会计与财务会计的区别。

实例导入

中国零售业的市场规模发展迅速，竞争环境复杂，但就在这样一个竞争激烈甚至是惨烈的环境中却杀出了一匹黑马——永辉超市。在Kantar Retail评选的零售行业竞争力市场当中，永辉超市进入市场排名第七位，这样了不起的成绩和其快速的发展让人惊讶，到底是什么原因使其成为超市黑马的呢？

永辉超市成立于2001年，于2010年上市之后迎来飞速发展，重心开始转向大卖场，每年新开分店保持在一个稳定状态，大约十家到二十家。永辉超市最成功的一个案例就是其生鲜产品的价值链，在这当中其如何做到成本最低化，从而取得领先于同行业的竞争优势非常值得深思。

生鲜市场是块难啃的“骨头”。永辉超市生鲜部王经理提道，“生鲜产品其实非常难做，整个产业链从田间地头搬到消费者餐桌上，损耗高，而且消费者对质量始终有担心，要考虑很多成本结构的问题，对超市来说做生鲜能够赚钱非常困难”。

虽然生鲜产品是块难啃的“骨头”，但永辉超市把它作为自己定位的一个基石，并不断完善和创新，实现了毛利12%，这是非常可观的成绩，通常生鲜产品的毛利能够达到10%就已经了不起了，而且很多超市在这方面是亏钱的。

永辉超市是如何在生鲜市场开辟出自己的一片天空的呢？

从采购和物流上来说，永辉超市采用本地化采购策略。作为农产品，新鲜是其生命线，也是吸引顾客的最大优势。为了实现这一点，永辉超市提出了农超对接战略，在整个行业里来说它是最早应用这一概念的。

所谓农超对接，就是到农贸市场直接采购，然后让农贸市场的生产者和农民直接配送到门店。现在永辉超市也在自建生产基地保证采购成本的最优化。通过这样的理念，永辉超市实现了采购与物流成本的有效控制，从而为门店销售打下坚实的基础。

在门店方面，几乎全部采用租赁形式，从基础设施到总部行政，实行严格的成本控制策略。2013 年开始使用 ERP1.0 版本，建立了一个比较垂直的 ERP 系统，这是其价值链的特色。

成本控制突破毛利壁垒，“大卖场做生鲜最大的困难就是毛利很低，售价是一定的，要跟农贸市场竞争，要给消费者提供最好的价格，唯一的就是成本。”王经理提道。

吴总也有同样的看法，他认为，“成本在整个生鲜的产业链、价值链过程中有一个非常难的部分就是采购成本。从批发市场采购当然不如从农民手里采购便宜，从农民手里采购当然不如建立自己的生产基地，从而实现价格便宜的农产品的持续供应。”

永辉超市通过自建生产基地，保证采购成本的最优化，实现了在采购政策上不断升华的过程。其业态形式多样，不仅有大卖场、卖场，还有社区店，但其主营业务是不变的，都是以生鲜为主。为了进行有效的成本控制，其门店营业的高效和低损耗也是一大特点。

通过有效的战略成本控制，永辉超市突破了传统的毛利壁垒，实现了大卖场生鲜产品毛利 12%的佳绩，可谓是超市生鲜行业最成功的案例。

纵观永辉超市的成功，价值链和成本控制的作用不可小觑，管理会计的知识在这里发挥了重大作用。随着未来市场的风云变幻，企业的生存与发展越来越离不开这样的战略管理理念，管理会计必将成为一种流行，从而逐渐取代传统财务地位，登堂入室就在眼前！

学习情境一　管理会计的形成和发展

一、管理会计的定义

管理会计是现代会计学的一个分支。它从传统的、单一的会计系统中分离出来，成为与财务会计并列的一门新兴的、独立的、综合性的边缘学科，是多种学科相互交叉、相互渗透的结合体。

管理会计学科的创立具有强烈的目的性，那就是为强化企业内部管理、实现最佳的经济效益服务。它充分利用财务会计和其他业务，统计所提供的资料，运用会计的、统计的和数学的技术方法进行加工处理，以便为特定目的提供所需要的管理信息，供有关管理人员对企业未来的生产经营活动进行正确的预测、决策，并在执行过程中加以控制、考核，通过不断循环地考核过去、规划未来、控制现在，达到调动企业内部各方面积极因素、获取最佳经济效益的目的。

1966 年美国会计学会（AAA）在其《基本会计理论的声明书》中将管理会计定义为：“管理会计是指一个组织内部，对管理当局用于规划、评价和控制的信息（财务的或经营

的）进行确认、计量、积累、分析、解释和传递的过程，以确保适当使用其资源并承担经营责任。而且管理会计亦包括为管理当局（如股东、管理机构和税务机关）编制财务报告。”这一定义扩大了管理会计的活动领域，指明管理会计的活动领域不应仅限于“微观”，还应扩展为“宏观”。

20世纪80年代，西方管理会计理论引入我国后，我国会计学者在解释管理会计定义时，有这样四种观点：管理会计学是一门新兴的、综合性边缘学科；管理会计是一个服务于企业内部经营管理的信息系统；管理会计是西方企业会计的一个分支；管理会计是为管理部门提供信息服务的工具。

二、管理会计的形成

1. 管理会计的萌芽阶段（20世纪20～30年代）

在这段时期，随着自由资本主义向垄断资本主义过渡，企业规模扩大，使用的机器越来越多，生产技术日益复杂。竞争也由于垄断而更加激烈。客观上促使企业管理向科学化、系统化和标准化发展。

当时，美国许多企业为了应付第一次世界大战后出现的经济大危机，正在广泛推行泰勒（F. W. Taylor）的科学管理（简称泰勒制）。它的基本点是在科学试验的基础上，精准测算工人每一步、每一个动作、每道工艺流程所需花费的时间，以此为基础制定出标准的操作方法和实行有刺激性的计件工资制度，力争以最简单的操作、最快的速度、最小的投入，完成特定的任务。它的目标很明显，就是提高劳动生产率。

在这种情况下，企业会计必须突破单一事后核算的格局，采取对经济过程实施事前规划和事中控制的技术方法，以配合泰勒制的实施。于是在美国企业会计实务中开始出现了“标准成本计算”“预算控制”“差异分析”这些同泰勒的科学管理方法直接相适应的技术方法。所有这些专门方法，在实际工作中，对提高企业的生产效率和工作效率等起了很大的作用，因而在西方会计发展史上把标准成本计算、预算控制、差异分析看成是属于管理会计的萌芽或早期形式。

2. 管理会计的创建阶段（20世纪40～50年代）

第二次世界大战以后，战争中发展起来的科学技术大量转为民用，新产品不断问世，市场竞争十分激烈。与此同时，为克服泰勒制科学管理方法的局限性，一些现代化管理方法相继问世。为了战胜对手，增强竞争力，企业管理当局十分重视提高内部工作效率，广泛推行职能管理和行为科学管理，调整和改善人与人之间的关系，以引导、激励职工尽心尽力地工作，提高产品质量，降低产品成本，增加企业利润。这时，专门配合职能管理和行为科学管理的“责任会计”“成本—数量—利润分析”等专门方法，加入原有的会计方法体系中来，使会计学的深度和广度有较大的突破。所有这些专门方法（标准成本、差异分析、预算控制、成本—数量—利润分析、责任会计等）实际上就是现代管理会计的雏形（原始意义上的管理会计）。但这并不意味着管理会计的诞生，因为，它还没有形成一个相对独立的、完整的体系。管理会计正式从传统会计中分离出来，是在50年代以后。

到50年代，随着科学技术的日新月异，生产的迅猛发展。同时，企业规模越来越大，跨国公司大量涌现，竞争更加激烈。一方面，一些远见卓识的企业家发现，仅仅注重改进生产技术、提高设备效率、扩大生产规模是不够的。企业的盛衰、成败、生存、发展，首先取决于企业采取的方针、决策是否正确。企业只有在有利的状态下经营，才能在激烈的国内外市场竞争中立于不败之地。否则，企业的个别环节效率再高，也会在激烈的竞争中被淘汰。这就要求会计工作不仅要提供反映生产经营活动结果的信息，而且要在事前进行预测、决策、计划与控制。另一方面，随着企业生产规模的不断扩大，资本需要量增大，股份公司这一组织形式迅速发展起来，并在资本主义经济中占据了统治地位。一个公司的资本往往由成千上万的股东凑成。股东拥有对股份公司的所有权，而公司的日常管理则由董事会委托经理人来承担，以总经理为代表的公司各级管理人员拥有对公司的经营权，形成了所有权与经营权的分离。这就对会计提出了特殊要求：一方面，要向企业外部股东和其他利害关系人，提供详尽的、反映已发生的经济活动情况的财务报告；另一方面，又要向以总经理为首的公司内部管理人，提供进行正确经营策略和有效管理所需要的信息资料。这样就使传统的会计体系一分为二，专门为加强企业内部管理、提高经济效益服务的管理会计体系正式形成，并于1952年在世界会计学会年会上正式通过了“管理会计”这一名词。自从出现主要为企业内部服务的管理会计之后，人们便把这原来主要为企业外部服务的会计成为财务会计，从而形成了企业会计的两大类：财务会计和管理会计。

三、管理会计的发展

1. 管理会计发展阶段（20世纪60～80年代中期）

现代管理科学和计算技术的发展是管理会计赖以发展的条件。管理会计从传统会计中分离，正式形成管理会计体系之后，由于不断吸收现代管理科学中的运筹学、行为科学等方面的研究成果，同时，又引进了许多现代数学方法和电子计算机技术，使会计有可能应用现代数学和数理统计学的原理和方法，建立许多数量化的管理方法和技术，帮助管理人员按照最优化的要求对复杂的生产经营活动进行科学的预测、决策、计划和控制。

从60年代末期开始，受统计决策理论和不确定条件下的经济学研究成果的影响，西方管理会计学者开始将不确定因素和信息成本概念引入管理会计，进而将信息经济学、代理人理论等引入管理会计的研究，使管理会计的研究领域进一步拓宽，使会计和管理的结合更为密切，内容更加丰富多彩，技术方法日益先进，呈现出一片欣欣向荣的发展趋势。因此到70年代，管理会计便不胫而走、风靡世界，被誉为实现管理现代化的重要手段。

2. 管理会计的未来展望

十年来，由于全球性竞争日趋激烈，欧美和日本许多厂商纷纷改变经营管理方式。一方面，高新科技蓬勃发展，在电子技术革命的基础上形成生产的高度计算机化、自动化；另一方面，随着计算机数控机床和智能机器人、计算机辅助设计、计算机辅助生产，以及弹性制造系统等高科技成果在生产中广泛应用，企业的生产组织和生产管理出现许多革命

性的变革，适时生产系统（JIT系统）、全面质量管理（TQC）等新观念、新理论和新方法。人们开始对原有管理会计的技术和方法进行反思，开始研究、创建以当代高新技术与现代市场经济体系为基础，以企业新的经营目标——股东价值最大化为核心，以服务于顾客化生产为主旨，建立作业管理（ABM）体系，并以作业成本计算（ABC）贯穿始终的管理会计新体系，使管理会计迈向一个新的里程。

总之，自20世纪80年代中期以后管理会计出现的种种变革，并不是管理会计本身出现了什么危机，而是顺应当代科技、社会、经济发展的大环境的变化，顺应时代潮流而作出的调整、变革。

学习情境二　管理会计的基本职能

管理会计是会计与管理的直接结合。它是为了搞好企业内部经营管理，合理配置和有效利用企业有限资源，力争获得最优的经济效益而建立的一种对内会计。因此，管理会计必然兼具会计和管理的职能。它凭借所掌握的大量经济活动数据，利用一整套科学方法，为企业的决策、计划、组织、协调、控制等一系列科学管理提供有用信息，以帮助管理人员规划未来、控制现在（执行）、考核过去（反馈），促进达成企业目标。

小贴士

会计的基本职能包括反映和监督两个方面。反映是会计的首要职能，以会计核算为中心，而会计核算包括五个环节：确认、计量、记录、计算、报告。会计监督通常是通过会计确认来实现的。在我国，国家财经政策、法规和企业财务会计制度准则、计划或预算等，是实施会计监督的依据。

一、计划

为保证企业各项经营计划的顺利编制和执行，企业通常需要制定预算，利用预算来协助企业管理者规划企业发展目标。预算的编制和制定是管理会计的重要内容，在管理会计中预算主要包括以下三个方面的内容。

（1）业务预算。业务预算是指与企业日常经营业务直接相关的一系列预算的统称，一般为短期预算。通过业务预算的编制可以明确企业各职能部门，尤其是生产部门的经营目标。主要包括销售预算、生产预算、直接材料预算、应交税费预算、直接人工预算、直接人工预算、制造费用预算、产品成本预算、期末存货成本预算、销售费用及管理费用预算。

（2）财务预算。财务预算是指反映预算期内现金收支、经营成果和财务状况的预算。

它是基于业务预算对一定时期企业财务状况和经营成果的全面规划。财务预算主要包括现金预算、财务费用预算、预算利润表、预计资产负债表。

（3）专门决策预算。专门决策预算是指企业为那些在预算期内不经常发生、一次性的经济活动所编制的预算。它是增强企业生产经营能力，提高企业市场份额和竞争力的重要途径。与在日常经营业务基础上编制的业务预算和财务预算不同，专门决策预算所涉及的不是经常性决策事项，一般为长期或不定期的预算。

二、组织

合理的组织设计和激励安排是企业正常生产经营活动的基础。为了实现企业的预算目标，在管理会计中，主要是通过设计责任中心对企业的预算进行层层分解以实现组织的设计和激励。在管理会计中组织的过程包括以下内容。

（1）责任中心的建立。责任中心是指企业里相对独立的、具有一定的管理权限，并具有相应经济责任的内部单位，它是一个责、权、利相结合的责任单位。责任中心的建立依据各个内部单位具体情况的差异而有所不同。一般的企业通常需要建立成本中心、利润中心、投资中心。

（2）责任中心的业绩考核与评价。管理会计为每个责任单位都确定一个目标，即通常所说的责任预算，然后再计量能够反映这些目标实现状况的业绩指标。通过比较责任预算与实际执行的业绩差异考核责任中心的业绩。

三、控制

为了保证预算目标的顺利实现，管理层需要对企业的生产经营活动进行有效的控制，在管理会计中控制的过程包括以下三个方面的内容。

（1）制定控制标准。任何一项经济活动都要有一个标准作为衡量的手段，控制也需要有一个标准作为评价、考核业绩的工具。为了评价考核实际工作的业绩而设定的某种标准就是控制的一个基本特征。

（2）收集、比较和分析各项经营活动的反馈信息。企业通常要建立标准的成本制度，结合企业的经营特点，对企业的各责任中心的预算和实际执行情况进行跟踪、计量，通过收集各种反馈信息，编制实际工作业绩报告来比较和分析各责任中心完成预算的情况。

（3）及时矫正偏离计划的差异。依据预定目标重新组织各部门的经营活动是控制的主要目标。在制定控制标准、收集和分析企业各部门的经营反馈信息之后，管理会计人员要及时地将实际经营成果与计划目标的差异报告给企业管理部门，同时将产生差异的原因及应采取的措施向管理部门提供特殊的会计分析报告。企业管理部门将根据管理会计人员所提供的信息及时地重新组织和安排企业的经营活动或重新调整计划，指导企业纠正错误，帮助企业实现预定目标。

上述对管理会计职能的实现有重要作用，实际上也构成了管理会计的主要内容。

学习情境三　管理会计和财务会计的关系

一、管理会计和财务会计的联系

管理会计虽然是从传统的财务会计中分离出来的，但它与财务会计一起构成为企业经营管理提供服务的企业会计的重要组成部分，两者在为改善企业经营管理、提高经济效益提供服务时存在着密切联系。

（1）管理会计和财务会计两者同出一源。原始的经营信息是两种会计的共同依据。例如，企业产品生产过程中耗用材料的信息，财务会计依据其对存货进行计价，而管理会计则依据其计算该产品的获利能力。

（2）管理会计常常通过利用财务会计提供的会计数据和会计报表资料进行加工、处理、延伸，来对企业未来的经营活动或个别经济事项作出预测、决策，以尽可能消除两种会计平行收集资料的重复劳动。而管理会计所预期的经济效益能否达到，预测、决策的正确与否，最终又必然在财务会计中得到反映。

（3）财务会计虽然称为对外会计，但从广义上讲，财务会计同样也是为了满足企业经营管理的需要，对内同样发挥着不可忽视的作用。例如，编制各种财务报表，是财务会计范畴的簿记、计算，但如果据此求出有关收益性、流动性的各种比率，进行分析，则这项财务分析的计算过程和职能，也可以说是对内指出注意方向。

二、管理会计和财务会计的区别

小贴士

财务会计主要是对企业已经发生的交易或信息事项，通过确认、计量、记录和报告等程序进行加工处理，并借助于以财务报表为主要内容的财务报告形式，向企业外部的利益集团提供以财务信息为主的经济信息。其特点是比较真实和可以验证。财务会计对外提供的信息反映了企业与投资者、债权人等有关方面的利益关系，受到这些信息使用者的普遍关注；企业的经营者以财务报告为主要依据，作出有关的经济决策。财务报告是经营者领导下的会计部门提供的，依据会计原则、会计准则、财务制度等，对会计信息的加工、形成和传递等全过程进行了严格的规范，是财务会计的规范结果。

现代管理会计的特点可以从它与财务会计的区别中表现出来。一般来说，它们之间的主要区别可归纳、对比如下：

（1）主要服务对象和工作目的不同。财务会计主要向企业外部利害关系人提供有关财务信息，协助其了解企业财务状况和经营成果；管理会计主要向企业内部管理人员提供规划、控制、考核所需要的管理信息，协助其做出正确的决策。

（2）核算范围和内容不同。财务会计从整个企业出发，反映其已经发生的全部生产经营活动；管理会计既从整个企业出发，又从企业的局部（部门、车间、班组甚至责任人）出发，规划、控制、考核其经营活动过程或某一具体经济事项。

（3）采用的工作方法不同。财务会计采用会计方法，遵循凭证→账簿→报表这一财务会计核算程序，进行记账、算账、报账；管理会计同时采用会计、统计、数学等方法进行规划、控制、考核。

（4）约束条件不同。财务会计必须严格遵守国家颁布的《企业会计准则》《企业财务通则》和有关会计制度、法规的规定；管理会计只服从企业加强内部管理的需要。

（5）对提供的信息要求不同。财务会计要求采用货币量度定期编制统一的财务报告，数据力求精确；管理会计根据管理需要，要求随时、迅速提供实物或货币量度等多种形式的管理报告，数据要求相对精确。

课下同步思考题

1. 管理会计是怎样形成与发展的？
2. 简述管理会计的基本职能。
3. 管理会计和财务会计有哪些主要区别和联系？

项目二　成本性态分析

知识目标

(1) 掌握成本的概念、混合成本分解方法；

(2) 熟悉成本的分类；

(3) 理解相关成本和无关成本。

能力目标

(1) 能判断成本的不同分类；

(2) 懂得混合成本分解的基本方法。

实例导入

海信电冰箱厂连续两年亏损，厂长召集有关部门的负责人开会研究扭亏为盈的办法。有关会议记录如下：

厂长：我厂去年亏损500万元，比前年还糟糕。银行对于连续三年亏损的企业将停止贷款，如果今年不扭亏为盈，企业将被迫停产。

销售处长：问题的关键是我们以每台冰箱1 600元的价格出售，而每台冰箱的成本为1 700元。如果提高售价，面临竞争，冰箱就卖不出去，因而出路只有想办法降低成本，否则，销售越多，亏损越大。

生产处长：我不同意。每台冰箱的制造成本只有1 450元，我厂的设备和产品工艺是国内最先进的，技术力量强，熟练工人多，控制物耗成本的经验得到了行业学会的认可。问题在于生产线的设计能力是年产10万台，目前因为销路打不开，去年只生产4万台，所销售的5万台中，还有1万台是前年生产的。

财务处长：每台冰箱的变动生产成本是1 050元，全厂固定制造费用总额是1 600万元，销售和管理费用总额是1 250万元。我建议，生产部门满负荷生产，通过提供产量来降低单位产品负担的固定制造费用。这样，即使不提高价格，不扩大销售也能使企业扭亏为盈，渡过危机。为了减少风险，今年应追加50万元来改进产品质量，这笔费用计入固定制造费用，追加50万元用于广告宣传；追加100万元作为职工销售奖励。

要求：

(1) 去年亏损的500万元是怎样计算出来的?

(2) 如果采纳财务处长的意见，今年能盈利多少？请你对该意见谈谈自己的看法?

学习情境一　成本的一般分类

一、成本的概念

成本是商品经济的产物，它是在商品生产发展到一定阶段之后才逐渐形成和完善起来的。在资本主义生产以前，小商品生产者为了维持再生产，也要考虑价值的补偿，但对活劳动的消耗并不十分在意，他们将出售产品所获得的收入主要用来补偿消耗掉的生产资料，剩余部分用来供养家庭生活。所以，那时的成本概念不够完整。到了资本主义时期，资本家的全部预付资本，除了包括预付在生产资料上的不变资本外，还包括付给工人工资的可变资本。因而，资本主义商品生产就要核算生产商品所耗费的一切，并尽可能地用销售商品所获得的收入补偿其全部耗费，此时，才形成比较完整的成本概念。因此，成本是商品生产者为生产经营商品而发生的各种物化劳动和活劳动耗费的货币表现。

成本是为生产和销售一定种类和数量的产品而消耗的经济资源的价值；成本是为获得经济资源而付出的经济资源的代价；成本是在产品的生产过程中形成的，为了再生产，它需要得到补偿，所以成本是耗费和补偿的统一体。

1. 理论成本

在商品经济发展到一定阶段后，马克思通过对成本的考察，既看到耗费，又重视补偿，形成了马克思的成本理论。马克思在论述产品成本时说，按照资本主义生产方式生产的每一商品的价值W，用公式来表示是$W=C+V+m$，如果我们从单个产品价值中减去剩余价值m，那么，在商品中剩下来的只是一个在生产要素上耗费的资本价值$C+V$的等价物或补偿价值（《马克思恩格斯全集》第25卷，第30、33页）。由此可见，商品价值是由3个部分组成的：一是已消耗的劳动对象的转移价值（原材料等）和已被磨损的劳动资料的转移价值（固定资产折旧费等）；二是劳动者的必要劳动所创造的价值V，即劳动者劳动的消耗价值（工资等）；三是劳动者剩余劳动所创造的价值m。成本实质上就是指商品价值中的C和V。因此，从理论上说，成本是企业在生产产品过程中已经耗费的、用货币表现的生产资料的价值与相当于工资的劳动者为自己劳动所创造的价值的总和。这种成本，被称为“理论成本”。它是成本研究的理论基础，是规范成本开支范围的客观依据。

2. 实际应用成本

实际应用成本是理论成本的具体化，是按照现行的财务会计制度规定的成本开支范围，以正常的生产经营活动为前提，根据生产过程中实际消耗的物化劳动的转移价值和活

劳动所创造的价值中应纳入成本范围的那部分价值的货币表现。

实际应用成本与理论成本不完全相同。理论成本不考虑生产经营活动中的偶然因素和异常情况的消耗，只对正常的物化劳动和活劳动消耗进行货币计量；而实际应用成本往往受客观条件，包括经济政策、财经法规、会计制度和当期生产经营条件变化的影响。

美国会计师协会（CICPA）与 1957 年发布的《第 4 号会计名次公告》对成本定义为："成本系指为获取货物或劳务而支付的现金或转移其他资产、发行股票、提供劳务或发生负债，而以货币衡量的数额。成本可分为未耗成本和已耗成本。未耗成本可由未来的收入负担，如存贷、预付费用、厂房、投资、递延费用等属之；已耗成本不能由未来的收入负担，故应列为当期收入的减项或借记保留盈余。"

美国会计学会（AAA）所属成本概念与标准委员会对成本的定义为："成本是指为达到特定目的而发生或应发生的价值牺牲，它可用货币单位加以衡量。"

《日本成本计算标准》中成本的定义为："成本的实质是经营者为获得一定的经营成果而消耗的物质资料和劳务的价值。"

在成本会计实务中，为了促进企业加强经济核算，减少生产损失，某些不形成产品价值的损失（如废品损失、季节性和修理期间的停工损失）也计入产品成本。此外，某些理应属于产品成本的费用，如企业行政管理部门为组织和管理生产经营活动而发生的管理费用，企业为筹集生产经营资金而发生的财务费用以及企业为销售产品而发生的销售费用，都不列入产品成本，而是作为期间费用处理，直接计入当期损益，从当期利润中扣除。因此，实际应用成本分为广义的成本概念和狭义的成本概念。

广义的成本是指企业为生产经营产品而发生的一切费用，包括产品生产成本和为生产经营产品而发生的经营管理费用。狭义的成本仅指产品的生产成本或制造成本，即在生产产品的过程中所发生的各种耗费。

成本是衡量一个企业经济效益的一项综合性指标。劳动生产率的高低、材料物资消耗的多寡、生产设备利用程度及合理与否、产品生产数量的多少以及经营管理水平的好坏等，都会直接或间接地从成本指标上显示出来。因此，对成本问题进行认真的分析研究，就成为企业加强内部经营管理的一项重要内容和分析有关问题的出发点。

二、成本的分类

从财务会计角度，往往把成本定义为取得某项产品或劳务而付出的代价。为了编制会计报表的需要，通常采用传统的分类方法，将成本按职能或与收入配合的时间等划分为制造成本和非制造成本、产品成本和期间成本等。在管理会计中，由于需要从事预测、决策、计划、控制、考核等方面的工作，这些工作对成本各有不同的要求，因而形成许许多多不同的成本概念。而不同的成本概念反映了不同的特定对象。为了满足管理上的不同需要，必须按不同的标准对其进行分类。在管理会计中常用的分类标准有：按成本性态分类、按成本的可控性分类以及按其与决策的相关性分类。

1. 按成本性态分类

所谓成本性态，是指成本总额与业务量（即产量、销量或作业量）直接的依存关系。成本按其性态可以分为变动成本和固定成本两大类。

（1）变动成本。它是指在相关范围内，成本总额随业务量变动成正比例变动的成本。但是从产品的单位成本来看，它却不受产量变动的影响。

（2）固定成本。它是指在相关范围内，成本总额不受业务量变动的影响，保持不变的成本。其特点是在相关范围内，成本总额不受产量变动的影响，但从单位产品分摊的固定成本看，却是随着产量的增加而减少的，如厂房、机器设备的折旧等。

这种分类，通过观察和分析业务量变动对成本变动的影响，从数量上具体掌握成本与业务量之间的规律性的联系，有助于为企业进行最优决策和改善经营管理提供有价值的信息，这也是管理会计进行预测、决策、控制、考核的前提条件。

2. 按成本的可控性分类

成本的可控性，是指责任单位对其成本的发生是否可以在事先预计并落实责任、在事中施加影响以及在事后进行考核的性质。成本按其可控性可分为可控成本和不可控成本。

（1）可控成本。它是指在一个会计期间内能合理地为负责该项成本的管理人员所控制的成本。

（2）不可控成本。它是指在一个会计期间内为负责该项成本的管理人员所不能控制的成本。

这种分类可以分清各部门的责任，确定其相应的责任成本，考核其工作业绩，它是实行责任会计的前提。

3. 按成本与决策的相关性分类

成本的决策相关性，是指成本的发生与特定决策方案是否有关的性质。成本按其与决策的相关性可以分为相关成本和无关成本。

（1）相关成本。它是指与某一特定决策有关的成本。

（2）无关成本。它是指与某一特定决策不相关联的成本。

这种分类有助于进行准确的预测和决策，有利于企业规划未来成本。

学习情境二　成本性态分析

一、成本按性态分类

成本性态是指成本总额与业务量之间的依存关系，需要进一步说明的是，这里的业务量是指企业在一定的生产经营期内投入或完成的经营工作量的统称，可以是生产量、销售量或作业量，具体使用何种业务量应视管理要求、现实可能以及分析的具体内容而定；这里的成本总额主要是指为取得营业收入而发生的营业成本费用，包括全部生产成本和销售

费用、管理费用及财务费用等非生产成本。

1. 成本性态

成本总额 ←相互关系→ 产量

2. 成本分类

（1）变动成本（*V*）指特定产量范围内变动成本总额随产量增加而呈正比例增加，单位变动成本不变，如图 2－1 所示。

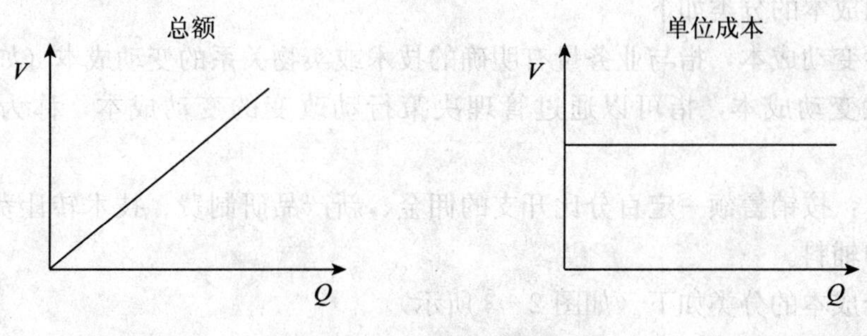

图 2－1　变动成本示意图

（2）固定成本（*F*）指特定业务量范围内固定成本总额不变，单位固定成本随业务量增加而降低，如图 2－2 所示。

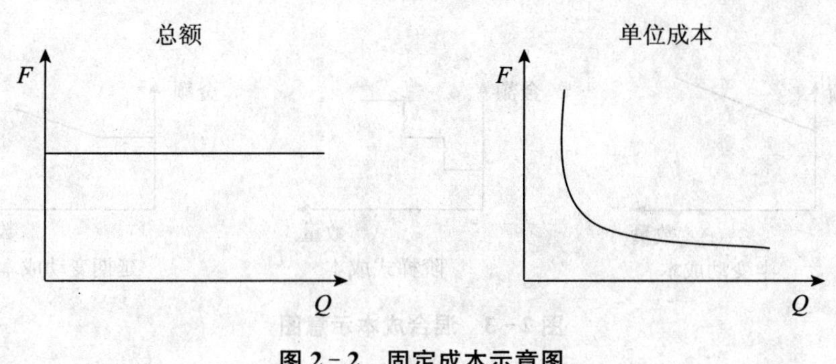

图 2－2　固定成本示意图

（3）混合成本指成本总额随产量变动而变动，但不呈正比例关系。

二、成本的进一步分类

（1）固定成本的分类如下。

①约束性固定成本（承担固定成本）具有以下特点。

a. 不能通过当前的管理决策行动加以改变的固定成本。约束性固定成本给企业带来的是持续一定时间的生产经营能力。

b. 约束性固定成本属于企业"经营能力"成本，是企业为了维持一定的业务量所必须负担的最低成本。

c. 要想降低约束性固定成本，只能从合理利用经营能力，降低单位固定成本入手。

典型项目：固定资产折旧、财产保险、管理人员工资、取暖费、照明费等。

②酌量性固定成本具有以下特点。

a. 可以通过管理决策行动改变其数额的固定成本；

b. 酌量性固定成本关系到企业的竞争能力，也是一种提供生产“经营能力”的成本。

典型项目：科研开发费、广告费、职工培训费等。

（2）变动成本的分类如下。

①技术性变动成本，指与业务量有明确的技术或实物关系的变动成本（如主料）。

②酌量性变动成本，指可以通过管理决策行动改变的变动成本，称为酌量性变动成本。

典型项目：按销售额一定百分比开支的佣金、新产品研制费、技术转让费以及可按人的意愿投入的辅料。

（3）混合成本的分类如下（如图 2－3 所示）。

①半变动成本，指在初始基数的基础上随产量正比例增长的成本。

②阶梯式成本，指成本总额随产量呈阶梯式增长的成本。也称为步增成本或半固定成本。

③延期变动成本，指在一定产量范围内总额保持稳定，超过特定产量则开始随产量比例增长的成本。

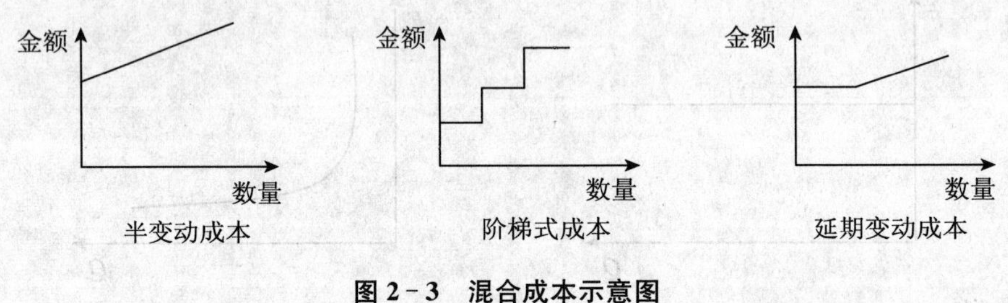

图 2－3　混合成本示意图

学习情境三　混合成本的分解方法

一、高低点法

（1）它是以过去某一会计期间的总成本和业务量资料为依据，从中选取业务量最高点和业务量最低点，将总成本进行分解，得出成本性态的模型。

（2）公式如下。

$$单位变动成本=\frac{最高点业务量成本-最低点业务量成本}{(最高点业务量-最低点业务量)}$$

固定成本总额=最高点业务量成本－单位变动成本×最高点业务量
=最低点业务量成本－单位变动成本×最低点业务量

公式中高低点选择的标准不是业务量所对应的成本，而是业务量。

（3）计算简单，但它只采用了历史成本资料中的高点和低点两组数据，故代表性较差。

【任务 2－1】思博公司生产的甲产品 7～12 月份的产量及成本资料如表 2－1 所示。

表 2－1　　甲产品 7～12 月份的产量及成本资料表

月　份	7	8	9	10	11	12
产量（件）	40	42	45	43	46	50
总成本（元）	8 800	9 100	9 600	9 300	9 800	10 500

要求：采用高低点法进行成本估计。

首先找出最高点和最低点，如表 2－2 所示。

表 2－2　　产量与成本关系表

项　目	产量 x（件）	总成本 y（元）
最高点	50	10 500
最低点	40	8 800

其次计算 $y=a+bx$ 中的 a、b 值：

b=（10 500－8 800）/（50－40）=170（元）

a=10 500－170×50=2 000（元）

或：a=8 800－170×40=2 000（元）

再次将 a、b 值代入 $y=a+bx$ 中，则成本性态模型为：

$y=2\,000+170x$

这个模型说明单位变动成本为 170 元，固定成本总额为 2 000 元。

二、回归分析法

它根据过去一定期间的业务量和混合成本的历史资料，应用最小二乘法原理，算出最能代表业务量与混合成本关系的回归直线，借以确定混合成本中固定成本和变动成本的方法，是一种较为精确的方法。

$$a=\frac{\sum x_i^2\sum y_i-\sum x_i\sum x_iy_i}{n\sum x_i^2-(\sum x_i)^2}$$

$$b=\frac{n\sum x_iy_i-\sum x_i\sum y_i}{n\sum x_i^2-(\sum x_i)^2}$$

【任务 2－2】同样的条件见任务 2－1，要求用回归分析法进行成本分解。

应用最小平方法原理，求解 $y=a+bx$ 中 a、b 两个待定参数。

(1) 列表计算 $\sum x$、$\sum y$、$\sum xy$、$\sum x^2$，其结果如表 2－3 所示：

表 2－3　　产量与成本关系表

月份	产量 x	混合成本 y	xy	x^2
7	40	8 800	352 000	1 600
8	42	9 100	382 200	1 764
9	45	9 600	432 000	2 025
10	43	9 300	399 900	1 849
11	46	9 800	450 800	2 116
12	50	10 500	525 000	2 500
$n=6$	$\sum x=266$	$\sum y=57\ 100$	$\sum xy=2\ 541\ 900$	$\sum x^2=11\ 854$

(2) 将表 2－3 中的有关数据代入公式计算 a、b，结果如下：

$b=170.65$（元）

$a=1\ 951.09$（元）

则成本性态模型为：

$y=1\ 951.09+170.65x$

三、账户分析法

又称会计分析法，它是根据有关成本账户及其明细账的内容，结合其与产量的依存关系，判断其比较接近哪一类成本，就视其为哪一类成本。该方法简便易行，但比较粗糙且带有主观判断。

四、技术测定法

又称工业工程法，它是根据生产过程中各种材料和人工成本消耗量的技术测定来划分固定成本和变动成本的方法。该方法通常只适用于投入成本与产出数量之间有规律性联系的成本分解。

五、合同确认法

它是根据企业订立的经济合同或协议中关于支付费用的规定，来确认并估算哪些项目属于变动成本，哪些项目属于固定成本的方法。合同确认法要配合账户分析法使用。

课下同步思考题

1. 什么叫成本性态？成本按其性态可以分为几类？
2. 什么是变动成本？变动成本的主要特点是什么？
3. 什么是固定成本？固定成本的主要特点是什么？
4. 为什么要对混合成本进行分解？怎么样分解？

项目三　变动成本法

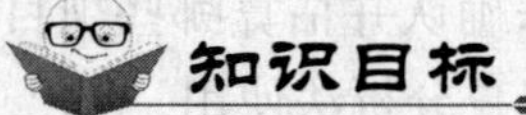

(1) 能判断实物中在什么情况下运用变动成本法；

(2) 懂得按照变动成本法计算企业的利润和编制利润表。

(1) 掌握变动成本法下营业利润的计算；

(2) 熟悉变动成本法和完全成本法的区别；

(3) 理解变动成本法的优缺点评价。

实例导入

宏盛化工厂为了保持其所有产品的市场方向，雇用了一些产品经理。这些经理在销售及生产的决策上都扮演很重要的角色。表 3－1 是一种大量生产的化学品的资料：

表 3－1　　宏盛化学品生产资料

原材料及其他变动成本	60 元/千克
固定制造费用/月	900 000 元
售价	100 元/千克

10 月份报告的销售量比 9 月份多出 14 000 千克。因此，产品经理预料 10 月份的利润会比 9 月份的多，他估计会增长 560 000 元。

但将 9 月份和 10 月份的财务结果互相比较，该产品 10 月份的利润竟然由 9 月份的 340 000 元下降了 100 000 元，只有 240 000 元。

产品经理被这些差别困扰着，所以他找你帮忙。经过详细的研究后，你发现该公司采用完全成本计算系统：把固定制造费用根据生产数量每月按 30 000 千克来分摊。所有分摊过低或过高的固定制造费用会在当月的损益表上调整。

9 月份的期初存货为 10 000 千克，生产为 34 000 千克，而销售为 22 000 千克。10 月

份的期末存货为 12 000 千克。

要求：

(1) 把该产品 9 月份及 10 月份的生产、销售及存货量列示出来。然后利用这些数字计算出题中所示的 9 月份和 10 月份利润。

(2) 解释 100 000 元的利润减少和经理预期 560 000 元的增加之间 660 000 元的差别。

这个问题可以从企业不同的成本计算方法角度来回答。在管理会计中，成本的含义是多样的。不同的目的、不同的决策，就会有不同的成本。按照产品成本所包含内容的不同，成本计算方法可以分为完全成本法符合动成本法，两种计算方法在产品成本的组合、期末存货的计价以及损益计算方面均有差异。完全成本法符合会计准则的要求，变动成本法有助于提供对内的财务报告和评价管理者的业绩。本章主要探讨两种成本计算方法的主要区别，比较两种方法对利润呈报和管理决策的不同影响。

学习情境一　什么是变动成本法

子情境 1　完全成本法的概念

完全成本法是完全成本计算法的简称，又称为吸收成本法、全部成本法或制造成本法，它是指在组织常规的成本计算过程中，以成本按其经济用途分类为前提条件，将全部生产成本作为产品成本的构成内容，只将非生产成本作为期间费用，并按传统损益确定程序计算损益的一种成本计算模式。完全成本法是一般公认会计准则所认定的成本计算方法，被广泛应用于财务会计的存货和成本核算过程之中。

在完全成本法下，在产品存货和产成品存货是按照成本计算对象所归集的生产成本计价的，通常包括直接材料、直接人工和全部制造费用三个基本成本项目。在产成品尚未出售以前，存货项目在资产负债表中列示，待产成品销售出去以后，这部分产品成本随之转化为销售成本，在利润表中计入当期损益。

子情境 2　变动成本法的概念

变动成本法，又称边际成本法、直接成本法，是指在组织常规的成本计算过程中，以成本性态分析为前提条件，只将变动生产成本作为成品成本的构成内容，而将固定制造费用和非生产成本计入期间费用，并按贡献式损益确定程序计量损益的一种成本计算模式。在变动成本法下，产品成本只包括直接材料、直接人工和变动制造费用，即变动制造成本。变动制造成本随着生产量的变化呈正比例变化，因此计入成品成本，随着产品的流动而流动。随着产品的对外出售，其变动制造成本作为销售成本计入利润表，尚未销售的产品，以存货项目在资产负债表中列示。至于固定制造费用，由于与生产量并无变动关系，因此直接作为期间费用，计入当期损益。变动成本法可以提供产品的变动成本数据，从而为本量分析以及短期经营决策提供良好的数据基础。

实施变动成本法，首先要求企业能够进行细致的成本性态分析，区分出哪些成本属于变动成本，哪些属于固定成本，这是实施变动成本法的基础。同时，由于变动成本法下产品成本包含变动生产成本，因此，如果变动生产成本在生产成本中的比例严重偏低，可能会造成产品成本的低估，进而产生产品定价过低的问题。因此，变动成本法要求变动成本在生产成本的构成中占有重要比任务。

学习情境二　如何区分变动成本法和完全成本法

子情境 1　成本划分的标准与类别以及产品成本所包含的内容不同

变动成本法是根据成本性态把企业全部成本划分为变动成本与固定成本两大类，其产品成本的内容只包括变动生产成本中的直接材料、直接人工与变动制造费用三大成本项目。至于完全成本法，成本的内容则是指生产领域的直接材料、直接人工和全部制造费用三大项目。两者区别见表 3 - 2。

表 3 - 2　　**两种成本计算法的区别**

区别的标志	变动成本计算法	完全成本计算法
成本划分的标准	按成本性态划分	按经济职能划分
成本划分的类别	成本： 变动生产成本｛直接材料、直接人工、变动制造费用｝ 变动销售费用 变动管理费用 固定成本｛固定制造费用、固定销售费用、固定管理费用｝ （变动销售费用、变动管理费用、固定制造费用、固定销售费用、固定管理费用）期间费用	生产领域成本｛直接材料、直接人工、全部制造费用｝ 销售领域成本——销售费用 管理领域成本——管理费用 （销售费用、管理费用）期间费用
产品成本包含的内容	变动生产成本｛直接材料、直接人工、变动制造费用｝	全部生产成本｛直接材料、直接人工、全部制造费用｝

【任务 3 - 1】北京思博服装有限责任公司只经营一种产品，2007 年开始投产，当年生产量为 500 件，销售量为 300 件，期末存货量为 200 件，销售单价为 100 元/件。当期发

生的有关成本资料见表 3－3。

表 3－3　　资料　　单位：元

成本项目	直接材料	直接人工	制造费用	销售费用	管理费用
变动	5 000	4 000	1 000	600	300
固定	—	—	4 000	1 000	2 200
总额	5 000	4 000	5 000	1 600	2 500

要求：分别按变动成本法和完全成本法计算当期发生的产品成本与期间费用。

（1）在变动成本法下：

本期产品成本合计＝直接材料＋直接人工＋变动制造费用＝5 000＋4 000＋1 000＝10 000（元）

单位产品成本＝$\frac{10\ 000}{500}$＝20（元/件）

期间费用＝固定制造费用＋销售费用总额＋管理费用总额
＝4 000＋1 600＋2 500＝8 100（元）

（2）在完全成本法下：

本期产品成本合计＝直接材料＋直接人工＋全部制造费用
＝5 000＋4 000＋5 000＝14 000（元）

单位产品成本＝$\frac{14\ 000}{500}$＝28（元/件）

期间费用＝销售费用总额＋管理费用总额＝1 600＋2 500＝4 100（元）

本任务的计算结果表明，按变动成本法确定的产品成本总额和单位产品成本比完全成本法的相应数值要低，而其期间费用却高于完全成本法。这种差异源于两种成本计算方法对固定制造费用的处理不同。

子情境 2　销货成本及期末存货水平不同

广义的产品以销货和存货两种实物性态存在。当期末存货量和本期销货量都不为零时，本期发生的产品成本最终为销货成本和期末存货成本。在变动成本法下，固定制造费用作为期间费用直接计入当期利润表，因而没有转化为销货成本和期末存货成本。在完全成本法下，因为固定制造费用计入产品成本，所以当期末存货存在时，本期发生的固定制造费用需要在本期销货和期末存货之间分配，从而导致被销货吸收的那部分固定制造费用作为销货成本计入本期利润表，被期末存货吸收的那部分固定制造费用则随着期末存货成本递延到下期。这必然导致两种成本计算方法所确定的销货成本和期末存货成本的不同。

【任务 3－2】按任务 3－1 所提供的资料，分别按变动成本法和完全成本法计算产品的期末存货成本和本期销货成本。

（1）在变动成本法下：

期末存货成本＝单位产品成本×期末存货量＝20×200＝4 000（元）

本期销货成本＝单位产品成本×本期销货量＝20×300＝6 000（元）

（2）在完全成本法下：

期末存货成本＝单位产品成本×期末存货量＝28×200＝5 600（元）

本期销货成本＝单位产品成本×本期销货量＝28×300＝8 400（元）

或

本期销货成本＝期初存货成本＋本期发生的生产成本－期末存货成本

＝0＋14 000－5 600＝8 400（元）

在本任务中，因为完全成本法确定的期末存货成本中除了包括变动生产成本外，还包括1 600元（4 000÷500×200）的固定制造费用，而变动成本确定的期末存货成本只包括变动生产成本4 000元，这就造成了两者相差1 600元。同样道理，造成完全成本法计算的本期销货成本比变动成本法计算的结果多2 400元的原因，也是因为完全成本法下的本期销货成本中包括了2 400元（4 000÷500×300）固定制造费用。

子情境3　损益的计算结果和利润表的编制格式不同

在损益的计算方面，两种计算方法也存在差异：在变动成本法下，按贡献式损益确定程序计量营业损益；而在完全成本法下，则按传统的损益确定程序计量营业损益。由于损益确定程序不同，两种方法使用的利润表格式也不同：变动成本法使用贡献式利润表，完全成本法使用传统式利润表。

变动成本法下的贡献式损益确定程序是指在损益计算过程中，首先用销售收入补偿本期实现销售的产品的变动成本，从而确定边际贡献，然后再用边际贡献补偿固定成本以确定营业利润的过程。用公式表示为：

销售收入－变动成本＝边际贡献

边际贡献－固定成本＝营业利润

式中：

变动成本＝本期销货成本（变动生产成本）＋变动销售费用＋变动管理费用

固定成本＝固定制造费用＋固定销售费用＋固定管理费用

完全成本法下的损益计算公式为：

销售收入－销售成本＝销售毛利

销售毛利－期间费用＝营业利润

式中：

销售成本＝本期销货成本（完全生产成本）

＝期初存货成本＋本期发生的生产成本－期末存货成本

本期发生的生产成本＝直接材料＋直接人工＋制造费用

期间费用＝销售费用＋管理费用

【任务3-3】仍按任务3-1所提供的资料，分别按变动成本法和完全成本法计算当期营业利润，并编制利润表。

(1) 在变动成本法下：

销售收入＝100×300＝30 000（元）

本期销货成本（变动生产成本）＝20×300＝6 000（元）

变动成本＝6 000＋600＋300＝6 900（元）

边际贡献＝30 000－6 900＝23 100（元）

固定成本＝4 000＋1 000＋2 200＝7 200（元）

营业利润＝23 100－7 200＝15 900（元）

(2) 在完全成本法下：

销售收入＝100×300＝30 000（元）

销售成本＝0＋14 000－5 600＝8 400（元）

销售毛利＝30 000－8 400＝21 600（元）

期间费用＝1 600＋2 500＝4 100（元）

营业利润＝21 600－4 100＝17 500（元）

按两种成本计算方法分别编制的贡献式利润表和传统式利润表（见表3-4）。

表3-4　　**利润表**　　单元：元

贡献式（变动成本法）			传统式（完全成本法）		
销售收入		30 000	销售收入		30 000
变动成本			销售成本		
销货中的变动生产成本	6 000		期初存货成本	0	
变动销售费用	600		本期生产成本	14 000	
变动管理费用	300		可供销售的生产成本	14 000	
变动成本合计	6 900		减：期末存货成本	5 600	
边际贡献		23 100	销售成本	8 400	
固定成本			销售毛利		21 600
固定制造费用	4 000		期间费用		
固定销售费用	1 000		销售费用	1 600	
固定管理费用	2 200		管理费用	2 500	
固定成本合计	7 200		期间费用合计	4 100	
营业利润		15 900	营业利润		17 500

从表3-4中可见，除了格式不同外，不同的利润表还可以提供不同的中间指标，如

贡献式利润表能够提供“边际贡献”指标，传统式利润表可以提供“销售毛利”指标，这些指标的意义和作用是完全不同的。

在本任务中，按完全成本法确定的营业利润比按变动成本法确定的营业利润多 1 600 元。这是因为本期发生的 4 000 元固定制造费用中，只有 2 400 元（4 000÷500×300）通过销售成本计入完全成本法的利润表，其余 1 600 元被期末存货吸收并结转下期。而在变动成本法下，这 4 000 元固定制造费用全部作为期间费用计入利润表。由于完全成本法利润表中的成本比变动成本法少计了 1 600 元，所以按完全成本法计算的营业利润比按变动成本法计算的营业利润多了 1 600 元。

应该注意的是，前面所举的任务是假定期初存货为 0 情况，如果在实践工作中，期初、期末均有存货，那么两种方法计算的营业利润的差别又将如何呢？我们认为，可根据期初与期末存货中所包含的固定成本的金额变动及其对比关系，归纳为如下三条规律。

（1）如期末存货中的固定成本等于期初存货的固定成本，则两种方法所扣除的固定成本总额相等，因此，它们算出的营业利润也必然相等。

（2）若期末存货中的固定成本大于期初存货中的固定成本，则计算当期损益时，完全成本法所扣除的固定成本总额小于变动成本法所扣除的固定成本总额，因此，按完全成本法计算的营业利润大于按变动成本法计算的营业利润。其差额为：期末存货的单位固定生产成本×期末存货量－期初存货的单位固定生产成本×期初存货量

（3）若期末存货中的固定成本小于期初存货中的固定成本，则计算当期损益时，完全成本法所扣除的固定成本总额大于变动成本法所扣除的固定成本总额，因此，按完全成本法计算的营业利润小于按变动成本法计算的营业利润。其差额为：期初存货的单位固定生产成本×期初存货量－期末存货的单位固定生产成本×期末存货量

学习情境三　对变动成本法的评价

在变动成本法和完全成本法的比较中，可以很清楚地看出变动成本法在确定成本和收益方面的特点，以及同完全成本法相比，其理论和方法直接服务于企业内部经营管理的优势。变动成本法的诞生，突破了传统的、狭隘的成本观念，为强化企业内部的经营管理、提高经济效益开创了新路。

子情境 1　变动成本法的优点

（1）变动成本法能够揭示利润和业务量之间的正常关系，促进管理当局重视销售环节，防止盲目生产。

采用变动成本法后，产量的高低与存货的增减对净利都没有影响。在销售单价、单位变动成本、销售组合不变的情况下，净利将随销售量同方向变动。这样一来，就会促进管理当局十分重视销售环节，把注意力集中在研究市场动态、搞好销售预测和以产定销方

面，力求做到薄利多销、适销对路，防止因盲目生产而带来的产品大量积压，提高企业的经济效益。

（2）变动成本法可以提供有用的成本信息，便于分清哪个部门的责任，有利于进行成本控制和业绩评价。

一般来说，变动成本的高低最能反映生产部门和供应部门的工作业绩。例如，在直接材料、直接人工和变动制造费用方面如有节约或超支，就会立即从产品的变动生产成本指标上反映出来，它们可以通过事前制定标准成本和建立弹性预算进行日常控制。至于固定生产成本的高低，责任一般不在生产部门，通常应由管理部门负责，可以通过制定费用预算的办法进行控制。另外，变动成本法所提供的信息还能把由于产量变动所引起的成本升降同由于成本控制工作的原因引起的成本升降清楚地区别开来。这不仅有利于我们在事后进行科学的成本分析，以及采用正确的方法进行成本控制，还能对责任单位的工作业绩作出恰当的、实事求是的评价与考核。

（3）变动成本法能提供有用的管理信息，便于企业进行短期经营决策。

利用变动成本法求得的单位变动成本、边际贡献总额及其有关的信息（如变动成本率、边际贡献率、经营杠杆率等）对管理当局最为有用，因为它们揭示了业务量与成本变动的内在规律，找出了生产、销售、成本和利润之间的依存关系，提供了各种产品的盈利情况等重要信息。这些能帮助管理当局深入的进行本量利和边际贡献分析，用来预测前景、规划未来（如预测保本点、规划目标利润、目标销售量或销售额、目标成本、编制弹性预算等），有利于正确地进行短期经营决策（如接受追加订货的决策、最优生产批量的决策、产品最优组合的决策等）。

（4）变动成本法简化了成本核算工作，便于加强日常管理。

变动成本法将固定制造费用直接列入期间费用，大大简化了成本分配工作，从而减少了由于分配标准的多样性而带来的主观随意性，增强了会计信息的客观性和准确性，也使会计人员从繁重的成本核算中解脱出来，集中精力向日常管理的深度和广度进军。

子情境 2 变动成本法的缺点

（1）变动成本法所计算出来的单位产品成本，不符合传统成本观念的要求。

按传统成本观念的理解，生产成本是产品在生产过程中发生的全部耗费，既应包括变动生产成本，也应包括固定生产成本，这种观点在全世界范围内得到了广泛的认可。很显然，变动成本法不符合这一传统观念的要求，而且变动成本与固定成本的划分，在很大程度上是假设的结果，不是一种非常精确的计算。

（2）变动成本法不能适应长期决策和定价决策的需要。

变动成本法以成本性态分析为基础，以相关范围内固定成本和单位变动成本固定不变为前提条件，这在短期内是成立的。但成本性态受许多因素影响，不可能长期不变。而长期决策要解决的是生产能力的增减和经营规模的扩大或缩小的问题，涉及的时间长，必然要突破相关范围的限制。因此，变动成本法不能适应长期决策的需要。另外，在定价决策中，变动成本和固定成本都应得到补偿，而变动成本法所提供的产品成本资料，一般不能适应这方面的需要。

(3) 改用变动成本法计算时，会影响有关方面的利益。

在实际工作中，如由原来的完全成本法过渡到变动成本法，一般要降低期末存货的计价（即存货成本中要去掉固定成本），因而会减少企业的当期营业利润，从而暂时影响国家的所得税收入和投资者的股利收益，这是妨碍变动成本法应用的很现实的原因。

一、名词解释

变动成本法　完全成本法　变动制造费用　固定制造费用

二、思考题

1. 变动成本法的优缺点是什么？

2. 简述变动成本法与完全成本法区别？

项目四　本量利分析

知识目标

懂得运用本量利分析的模型进行盈亏平衡分析和目标利润的分析。

能力目标

（1）掌握本量利分析的边际贡献方程式、盈亏平衡点的分析计算、目标利润预测和分析；

（2）熟悉本量利分析的基本方程式、安全边际指标、本量利图的特点；

（3）了解本量利分析的概念、前提条件、各因素变动对盈亏平衡点影响的分析。

实例导入

北京顺峰公司拥有和经营一个度假村。该度假村包括客房部，一个商务中心，一个餐厅和健身房。该度假村编制了一份详细的营业旺季的预算。营业旺季历时20周，其中高峰期为8周。客房部拥有80个单人房和40个双人房，双人房的收费为单人房收费的1.5倍。

有关预算资料如下：

（1）客房部：单人房每日变动成本为26元，双人房每日变动成本为35元。客房部固定成本为713 000元。

（2）健身房：住客每人每天收费4元，散客每人每天收费10元。健身设施的固定成本为54 000元。

（3）餐厅：平均每个客人给餐厅每天带来3元的贡献毛利。固定成本为25 000元。

（4）商务中心：出租商务中心可增加贡献边际总额40 000元。商务客人的估计数已包括在其他方面的预计中。

（5）预订情况：营业高峰期客房部所有客房都已被预订。在其余12周，双人房客满率为60%，单人房客满率为70%。散客每天为50人。

假定所有的主客和散客都使用健身设施和在餐厅用餐。假定双人房每次同时住两个人。

要求：

（1）客房部确定的目标利润为 300 000 元，那么每间单人房和双人房的收费各应为多少？

（2）客房部达到保本点时，单人房和双人房的最低收费各应为多少？

（3）如果客房部利润为 300 000 元，那么度假村总利润可达到多少？

学习情境一　什么是本量利分析

子情境 1　本量利分析的含义及前提

1. 本量利分析的含义

在成本按其性态分为变动成本和固定成本的基础上，可进一步研究成本、业务量和利润之间的关系。本量利分析（也称为 CVP），是研究产品成本、业务量和利润三者之间关系的一种专门方法，它在变动成本法的基础上，以数量化的会计模型与图形来揭示固定成本、变动成本、销售量、销售单价、销售收入、利润等因素之间的内在联系，它是企业管理人员进行预测、制订经营计划、编制预算、进行决策的基本方法。

本量利分析可以帮助企业管理人员解决生产经营过程中的许多重要问题。例如，销售收入达到怎样的水平才能保证不亏损？销售达到何种程度才能实现企业的目标利润？若要实现企业的经营目标，应从几方面着手？本量利分析原理可用于保本预测和目标利润预测、生产决策、不确定性分析、经营风险分析、全面预算、成本控制和责任会计等。

2. 本量利分析的前提

本量利分析所涉及的许多模型是基于以下假定而确立的：

（1）企业所有的成本均可以分为变动成本和固定成本。这一假定是指企业成本性态是完全可以预测的，全部成本可以按成本性态分为变动成本和固定成本。在一定时期和一定的产销业务范围内，固定成本总额和单位变动成本保持不变，成本与业务量是一种线性关系，成本函数表现为线性方程 $y=a+bx$。

（2）在任何业务量水平，价格是统一的。这一假定即指在相关范围内，单价不因业务的变化而变化，销售收入和销售量成正比。这个假定只有在以下情况才能成立：产品处于成熟期，售价稳定，通货膨胀非常低。如果没有这一假定，预计的销售收入和实际销售收入会产生较大的差异，预测的利润和盈亏平衡点将失去指导意义。

（3）产销平衡和品种结构不变。假定企业只安排一种产品的生产，那么，生产出来的产品在市场上都可以找到买主，自动实现产销平衡；对于生产多种产品的企业，在总产销量发生变化时，各种产品的销售额在全部产品总销售额中所占比重不变。这种假定可使分析人员将注意力集中于单价、成本以及业务量对营业利润的影响。

（4）变动成本法假设。假定产品成本是按变动成本法计算的，即产品成本只包括变动生产成本（直接材料、直接人工、变动制造费用），而所有的固定成本（包括固定制造费用在内）均作为期间费用处理，并按边际贡献损益程序确定营业利润。

有了上述假定，就可以有效利用简单的数学模型和图形来揭示成本：业务量和利润等诸要素之间的规律性联系，并灵活运用以解决有关问题。但是，在实际工作中与这些假定可能有很大的偏差，所以不能盲目照搬本量利分析的结论，而应根据变化了的条件及时调整修正分析结论，寻求恰当的解决方法。

子情境 2　本量利分析的基本方程式

成本、业务量和利润之间的关系可以用以下几种数学模式来表示。

1. 损益方程式

用损益法计算利润，就是确定一定期间的收入，然后计算与这些收入相匹配的成本，两者之差即为当期利润。公式如下。

营业利润＝销售收入－总成本
＝销售收入－（固定成本＋变动成本）
＝单价×销售量－单位变动成本×销售量－固定成本
＝（单价－单位变动成本）×销售量－固定成本

这是个基本的损益方程式，它明确表达了本量利之间的数量关系。它含有相互联系的5个变量，给定其中任意4个变量便可求出第5个变量的值。它可以根据所要计算的问题变换成其他形式，成为更接近实际的方程式。

2. 边际贡献方程式

（1）边际贡献，也称为贡献毛利、边际利润或创利额，是产品销售收入与相应的变动成本之间的差额。边际贡献绝对数的表现形式有单位边际贡献和边际贡献；相对数表现形式有边际贡献率。

单位边际贡献是单价与单位变动成本之间的差额，它反映每销售一件产品可以为企业获利做出的贡献。

用公式表示为：

单位边际贡献＝单价－单位变动成本

边际贡献是销售收入与变动成本的差额。

用公式表示为：

边际贡献＝销售收入－变动成本
＝单位边际贡献×销售量

边际贡献首先用于补偿企业的固定成本，如补偿有余额，则形成企业的利润；如果不足以补偿固定成本，则企业发生亏损。边际贡献反映了一种产品为企业创利的能力。

【任务4－1】北京思博服装有限责任公司2008年只生产甲产品，该产品单价为10元/件，单位变动成本为6元/件，全年固定成本为30 000元，当年销售量为12 000件，计算边际贡献和单位边际贡献各是多少？

边际贡献＝12 000×10－12 000×6＝48 000（元）

单位边际贡献＝10－6＝4（元/件）

(2) 边际贡献率是边际贡献占销售收入的百分比，用公式表示为：

$$边际贡献率=\frac{边际贡献}{销售收入}\times 100\%=\frac{单位边际贡献}{单价}\times 100\%$$

它可以理解为每百元销售收入创造的边际贡献，反映了产品为企业创利的能力。

单位边际贡献、边际贡献、边际贡献率都是越大越好的正指标，它们可以从不同的侧面反映特定产品对企业所做的贡献。

【任务 4－2】依任务 4－1 资料，计算思博公司甲产品的边际贡献率。

$$边际贡献率=\frac{10-6}{10}\times 100\%=40\%$$

(3) 变动成本率与边际贡献率相对应的概念是变动成本率。变动成本率又称为补偿率，是变动成本在销售收入中所占的百分比，其计算公式如下：

$$变动成本率=\frac{变动成本}{销售收入}\times 100\%=\frac{单位变动成本}{单价}\times 100\%$$

由于销售收入被分为变动成本和边际贡献两部分，前者是产品自身的耗费，后者是给企业创利的贡献，两者百分率之和应为 1。变动成本率与边际贡献率之间的关系可表示如下：

$$变动成本率+边际贡献率=1$$

变动成本率是个越小越好的指标。当产品变动成本率高时，边际贡献率则低，创利能力小；反之，当产品变动成本率低时，边际贡献率则高，创利能力大。

【任务 4－3】仍依任务 4－1 资料，计算思博公司变动成本率。

$$变动成本率=\frac{6}{10}\times 100\%=60\%$$

变动成本率＋边际贡献率＝60％＋40％＝1

(4) 边际贡献方程式。引入边际贡献指标后，可以将本量利基本关系式写成：

$$\begin{aligned}营业利润&=销售收入-变动成本-固定成本\\&=边际贡献-固定成本\\&=单位边际贡献\times 销售量-固定成本\\&=销售收入\times 边际贡献率-固定成本\end{aligned}$$

以上指标和计算公式，在管理会计中应用十分广泛，因此必须在理解的基础上熟练掌握，以便灵活运用。

【任务 4－4】北京思博服装有限责任公司生产的幼儿童装，在市场上很受欢迎。该公司 2015 年 12 月份的销售数量预计为 50 000 套，每套单价 100 元，单位变动成本为 70 元/套，固定生产成本为 100 000 元，固定管理费用为 500 000 元。

根据以上资料，该系列童装的边际贡献计算结果如下：

单位边际贡献＝100－70＝30（元）

边际贡献＝50 000×100－50 000×70＝1 500 000（元）

边际贡献率＝$\frac{30}{100}$×100％＝30％

变动成本率＝1－30％＝70％

营业利润＝1 500 000－（100 000＋500 000）＝900 000（元）

不同的企业有不同的边际贡献率，食品店的边际贡献率就很低，所以就必须销售大量的商品，以取得利润。而珠宝店等奢侈品的边际贡献率就很高，所以很少的销售量就能赚取足够的利润。

子情境 3 本量利图

将成本、业务量、利润的关系反映在直角坐标系中所构成的图示，称为本量利图。因其能清晰地显示企业不盈不亏时应达到的产销量，故又称为盈亏临界图或损益平衡图。用图示表达本量利的相互关系，不仅形象直观、一目了然，而且容易理解。

根据资料的多少和目的的不同，本量利图有多种形式。

1. 传统的本量利图

【任务 4－5】北京思博服装有限责任公司只生产一种产品，单价 10 元，单位变动成本 5 元，每月固定成本 1 000 元。根据所给资料绘制本量利图，如图 4－1 所示。

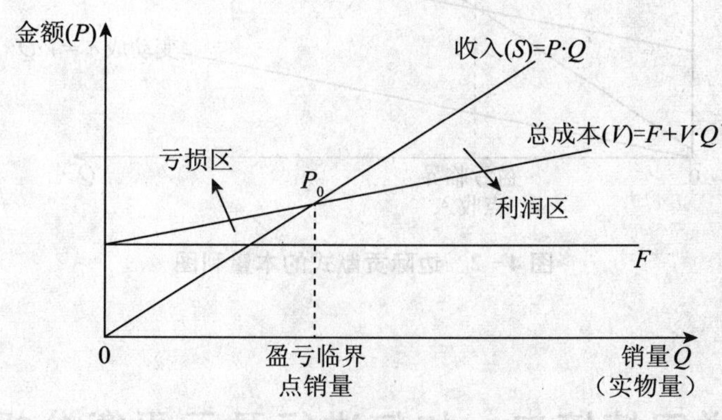

图 4－1 传统的本量利图

（1）绘制传统的本量利图应按下述步骤进行。

①选定直角坐标系，以横轴表示销售数量（Q），以纵轴表示成本和销售收入金额；

②在纵轴上找出固定成本数值，以此点（0，固定成本）为起点，绘制一条与横轴平行的固定成本线 F；

③以点（0，固定成本）为起点，以单位变动成本为斜率，绘制总成本线 $V=F+V\cdot Q$；

④以坐标原点（0，0）为起点，以单价为斜率，绘制销售收入线 S。

（2）传统的本量利图表达的意义如下：

①固定成本线与横轴之间的距离为固定成本值，它不随产量增减而变动；

②总成本线与固定成本线之间的距离为变动成本，它随产量变动呈正比例变化；

③总成本线与横轴之间的距离为总成本，它是固定成本与变动成本之和；

④销售收入线与总成本线的交点（P_0）在横轴上对应的销售量是盈亏平衡点。它在横轴上对应的销售量是 200 件，表明企业在此销售量下总收入与总成本相等，既没有利润，又没有发生亏损。在此基础上，增加销售量，销售收入超过总成本，S 和 V 的距离为利润值，形成利润区；反之，形成亏损区。

2. 边际贡献式的本量利图

根据任务 4－5 所给的资料绘制边际贡献式的本量利图，如图 4－2 所示。

这种图绘制的特点是先画变动成本线 V，然后在此基础上以点（0，固定成本）为起点，画一条与变动成本线 V 平行的总成本线 T。其他部分，绘制方法与传统的本量利图相同。

这种图的主要优点是：可以表示边际贡献的数值。企业的销售收入 S 随销售量呈正比例增长，这些销售收入首先用于弥补产品自身的变动成本，剩余的是边际贡献，即 SOV 围成的区域。边际贡献随销售量的增加而扩大，当其达到固定成本值时（到达 P 点），处于保本状态。

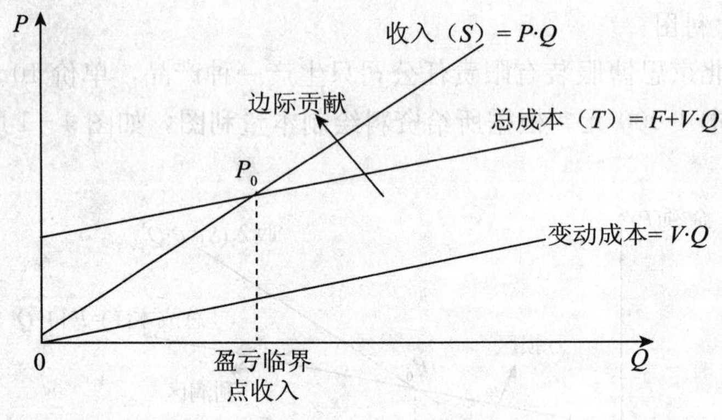

图 4－2　边际贡献式的本量利图

学习情境二　如何进行盈亏平衡分析

本量利分析的一项重要内容就是盈亏平衡分析，也称为保本分析，它主要研究当企业恰好处于不盈不亏、利润为零这一保本状态时的本量利关系。盈亏平衡分析是本量利分析的核心内容之一，也是确定企业经营安全程度和进行保利分析的基础，其内容包括如何确

定盈亏平衡点、评价企业经营安全程度和研究有关因素变动对盈亏平衡点的影响等问题。

子情境1　盈亏平衡点的确定

盈亏平衡点，又称为保本点、损益平衡点，是指企业达到保本状态时的业务量。在该业务量水平，企业的收入正好等于全部成本，不盈不亏，利润为零；超过这个业务量水平，企业就有盈利；反之，低于这个业务量水平，就会发生亏损。

一般盈亏平衡点存在两种表述方法：一是数量的表现形式，即盈亏平衡点销售量；二是金额的表现形式，即盈亏平衡点销售额。对于单一品种企业，盈亏平衡点既可以用数量表示也可以用金额表示，但对于多品种企业的综合盈亏平衡点只能用销售额来表示。

1. 单一品种盈亏平衡点的确定方法

由于计算利润的公式为：

$$\text{利润}=\text{单价}\times\text{销售量}-\text{单位变动成本}\times\text{销售量}-\text{固定成本}$$

当利润等于0，此时的销售量为盈亏平衡点销售量。

$$0=\text{单价}\times\text{盈亏平衡点销售量}-\text{单位变动成本}\times\text{盈亏平衡点销售量}-\text{固定成本}$$

所以：

$$\text{盈亏平衡点销售量}=\frac{\text{固定成本}}{\text{单价}-\text{单位变动成本}}=\frac{\text{固定成本}}{\text{单位边际贡献}}$$

盈亏平衡点销售量指标反映了企业销售多少数量的产品才能保本。

$$\text{盈亏平衡点销售额}=\text{盈亏平衡点销售量}\times\text{单价}=\frac{\text{固定成本}}{\text{单位边际贡献}}\times\text{单价}$$

$$=\frac{\text{固定成本}}{\text{边际贡献率}}=\frac{\text{固定成本}}{1-\text{变动成本率}}$$

盈亏平衡点销售额指标反映了企业销售收入达到多少时才能保本。

【任务4-6】依任务4-4资料，北京思博服装销售童装的盈亏平衡点为：

$$\text{盈亏平衡点销售量}=\frac{100\ 000+500\ 000}{100-70}=20\ 000\text{（套）}$$

$$\text{盈亏平衡点销售额}=\frac{100\ 000+500\ 000}{30\%}=2\ 000\ 000\text{（元）}$$

2. 多品种盈亏平衡点的确定

一般来说，只生产和销售一种产品的企业极为少见，大部分企业往往同时生产和销售多种产品，因此研究多品种条件下的盈亏平衡分析具有重大的现实意义。多品种条件下的盈亏平衡分析方法较多，在实务中应用较广泛的是加权平均边际贡献率法。

加权平均边际贡献率法是指在掌握各种产品边际贡献率的基础上，按照各种产品销售额占全部产品销售收入总额的比重进行加权平均，据以确定综合边际贡献率，进而计算出综合盈亏平衡点及各产品的盈亏平衡点的多品种盈亏平衡分析方法。此法的关键在于求出各种产品的边际贡献率与各自的销售比重。这种方法提供的综合预测资料是高层管理人员所必需的，也是进行总体规划所不可缺少的。

我们以一案例来说明多品种盈亏平衡点的确定。

【任务 4－7】北京思博服装 2015 年 4 月生产 A、B、C 三种产品，它们的预计销售量分别为 2 000 件、4 000 件、5 000 件，单位售价分别为 50 元、15 元、8 元；单位变动成本分别为 35 元、9 元、6 元，固定成本总额为 38 400 元，见表 4－1。

表 4－1　　收入、成本表　　单位：元

项目 \ 品种	A	B	C	合计
销售收入	100 000	60 000	40 000	200 000
销售单价	50	15	8	
单位变动成本	35	9	6	
单位边际贡献	15	6	2	
边际贡献率（%）	30	40	25	
销售比重（%）	50	30	20	
固定成本总额	38 400			

根据上述资料预测企业计划期内综合盈亏平衡点销售额及 A、B、C 三种产品的盈亏平衡点销售额。

(1) 计算三种产品的加权平均边际贡献率。

加权平均边际贡献率$=\sum$（各种产品的边际贡献率×各种产品的销售比重）

$=30\%\times50\%+40\%\times30\%+25\%\times20\%$

$=32\%$

(2) 计算该企业综合盈亏平衡点销售额。

$$\text{综合盈亏平衡点销售额}=\frac{\text{固定成本}}{\text{加权平均边际贡献率}}=\frac{38\ 400}{32\%}=120\ 000\text{（元）}$$

(3) 计算各种产品的盈亏平衡点销售额。

各种产品的盈亏平衡点销售额＝综合盈亏平衡点销售额×各种产品各自的销售比重

A 产品盈亏平衡点销售额＝120 000×50%＝60 000（元）

B 产品盈亏平衡点销售额＝120 000×30%＝36 000（元）

C 产品盈亏平衡点销售额＝120 000×20%＝24 000（元）

子情境 2　同盈亏平衡点有关的若干指标

1. 安全边际

安全边际是与盈亏平衡点相关的一项指标，反映了企业的安全程度。企业达到盈亏平衡点时，意味着边际贡献总额正好弥补了全部的固定成本，那么超过保本点的销售业务量才能给企业带来利润，超额部分的业务量越大，利润越多，亏损的可能性越小，经营就越

安全，其衡量指标就是安全边际，具体表现形式有绝对数和相对数两种。安全边际的绝对数表现形式有安全边际量和安全边际额；安全边际的相对数表现形式为安全边际率。

安全边际量是企业实际或预期的销售量与盈亏平衡点销售量之间的差额；安全边际额是实际或预计的销售额与盈亏平衡点销售额之间的差额。安全边际表明销售水平降低多少，企业仍然保持盈利而不至于亏损，从而反映企业经营的安全程度。

计算公式为：

$$安全边际量=预计（实际）销售量-盈亏平衡点销售量$$

$$安全边际额=预计（实际）销售额-盈亏平衡点销售额$$

$$=安全边际量\times单价$$

安全边际率是安全边际与实际或预计销售水平的比值，计算公式为：

$$安全边际率=\frac{安全边际量}{实际销售量}\times100\%=\frac{安全边际额}{实际销售额}\times100\%$$

安全边际量、安全边际额和安全边际率都是正指标，越大越好，安全边际率由于是一个相对指标，因此可用于不同企业和不同行业之间进行比较。评价企业安全程度的一般标准如下（见表 4－2）：

表 4－2　企业经营安全性评价标准

安全边际率	40%以上	30%～40%	20%～30%	10%～20%	10%以下
安全程度	很安全	安全	较安全	要警惕	危险

【任务 4－8】依任务 4－4 资料，北京思博服装有限责任公司的童装盈亏平衡点销售量为 20 000 套，预计该公司的童装销售量为 50 000 套，安全边际指标计算如下：

安全边际量＝50 000－20 000＝30 000（套）

安全边际额＝30 000×100＝3 000 000（元）

$$安全边际率=\frac{30\ 000}{50\ 000}\times100\%=60\%$$

以上数据表明北京思博服装有限责任公司的经营状况很安全。

2. 保本作业率

有些企业在衡量经营安全程度时，不用安全边际，而用保本作业率这一指标。保本作业率又称为达到盈亏平衡点的作业率、危险率等，是指盈亏平衡点销售量（额）占企业正常销售量（额）的比重。所谓正常销售量（额），是指正常市场和正常开工情况下企业的实际或预计销售数量（金额）。

其计算公式为：

$$保本作业率=\frac{盈亏平衡点销售量}{正常销售量}\times100\%$$

$$=\frac{盈亏平衡点销售额}{正常销售额}\times100\%$$

保本作业率表明了企业保本的业务量在正常业务量中所占的比重。在实际工作中，大多数企业的生产经营能力是按正常销售量来规划的，生产经营能力和正常销售量基本相同，因此，保本作业率还表明保本状态下的生产经营能力的利用程度。保本作业率是一个反指标，该指标越小，说明正常开工的业务量或预计业务量越大于盈亏平衡点业务量，表明该企业经营的安全程度越高。

保本作业率与安全边际率存在以下关系：

安全边际率＋保本作业率＝1

根据此公式我们亦可得出：

安全边际销售量（额）＋盈亏平衡点销售量（额）＝正常销售量（额）

该公式反映了安全边际销售量和盈亏平衡点销售量的关系，从该公式我们可以看到，只有安全边际销售量才能为企业提供利润，而盈亏平衡点销售量只能为企业收回固定成本。

仍依任务 4-4 的资料，假设北京思博服装有限责任公司的童装正常的销售量，即预计的销售量是 50 000 套，则：

$$保本作业率=\frac{20\ 000}{50\ 000}\times 100\%=40\%$$

以上计算结果表明，如果北京思博服装有限责任公司的实际保本作业率越低于 40%，则经营风险越小；反之若实际保本作业率越高于 40%，则经营风险越大。

【任务 4-9】北京思博服装有限责任公司本月的盈亏平衡点销售量为 500 件，单位售价 300 元，实际销量为 800 件，假定下月的单价、单位变动成本与固定成本总额均不变，预计下月销量将达到 1 000 件。要求：

（1）计算北京思博服装有限责任公司本月的安全边际指标和保本作业率；

（2）判断下月的盈亏平衡点销售量；

（3）计算北京思博服装有限责任公司下月的安全边际指标和保本作业率；

（4）评价北京思博服装有限责任公司在本月和下月的经营安全程度。

解答如下：

（1）本月安全边际量＝800－500＝300（件）

本月安全边际额＝300×300＝90 000（元）

$$本月安全边际率=\frac{300}{800}\times 100\%=37.5\%$$

本月保本作业率＝1－37.5%＝62.5%

（2）由于下月的单价和成本水平都不变，所以下月的盈亏平衡点销售量也不变，仍为 500 件。

（3）下月安全边际量＝1 000－500＝500（件）

下月安全边际额＝500×300＝150 000（元）

$$下月安全边际率=\frac{500}{1\ 000}\times 100\%=50\%$$

下月保本作业率＝1－50％＝50％

（4）北京思博服装有限责任公司本月的安全边际率为37.5％，经营状况属于“安全”；下月的安全边际率为50％，可判定下月该公司经营状况“很安全”。

3. 销售利润与销售利润率

由于只有安全边际量才能为企业提供利润，所以安全边际额和利润之间有必然的联系。安全边际部分的销售额减去其自身变动成本后成为企业利润，即安全边际中的边际贡献等于企业利润。这个结论可以通过下式加以论证：

因为：

利润＝销售收入－变动成本－固定成本
＝边际贡献－固定成本
＝销售收入×边际贡献率－固定成本
＝销售收入×边际贡献率－盈亏平衡点销售额×边际贡献率
＝（销售收入－盈亏平衡点销售额）×边际贡献率

所以：

利润＝安全边际额×边际贡献率

该公式两端同时除以销售收入可得出另一公式：

销售利润率＝安全边际率×边际贡献率

【任务4－10】根据任务4－4和任务4－8中的有关数据可得出北京思博服装有限责任公司的童装的边际贡献率为30％，安全边际额为3 000 000元，安全边际率为60％。根据上述公式计算利润。

利润＝安全边际额×边际贡献率＝3 000 000×30％＝900 000（元）

销售利润率＝安全边际率×边际贡献率＝60％×30％＝18％

用常规计算方法也能得到相同的结果。

利润＝边际贡献－固定成本＝1 500 000－（100 000＋500 000）＝900 000（元）

$$销售利润率＝\frac{利润}{销售收入}＝\frac{900\ 000}{50\ 000}×100\%＝18\%$$

从上面的分析中我们不难看出，由于利润和安全边际之间存在着内在的联系，企业要提高销售利润率，就必须提高安全边际率（即降低保本作业率），或者提高边际贡献率（即降低变动成本率），这为我们计算和分析利润又提供了一种新方法，它在企业的经营管理中将发挥更大的作用。

子情境3　各因素变动对盈亏平衡点的影响

尽管我们假定本量利分析时，诸因素不变动，但实际这种静态平衡是不可能维持长久的。下面结合任务题讨论有关因素变动对盈亏平衡点及相关指标的影响，以便掌握其中的规律，用于指导实践。

【任务4－11】北京思博服装有限责任公司生产一种纽扣，该产品的单位售价是9元，单位变动成本是 6 元，固定成本是 120 000 元，计算其盈亏平衡点销售量。

盈亏平衡点销售量$=\frac{120\ 000}{9-6}=40\ 000$（件）

1. 价格单独变动

由于单价变动会引起单位边际贡献或边际贡献率同方向变动，使得有关盈亏平衡点业务量的计算公式的分母改变，从而会改变盈亏平衡点。当单价上涨时，会使单位边际贡献和边际贡献率上升，相应会降低盈亏平衡点，这样，同样的销售量实现的利润就越多，或亏损越少；单价下降时，情况刚好相反。假设任务 4-11 中产品的单位售价由原来的 9 元提高到 10 元，则盈亏平衡点销售量由原来的 40 000 件变成 30 000 件。

盈亏平衡点销售量$=\frac{120\ 000}{10-6}=30\ 000$（件）

2. 单位变动成本单独变动

单位变动成本的变动会引起单位边际贡献和边际贡献率向相反方向变化。所以单位变动成本上升，会提高盈亏平衡点销售量，使企业的经营状况向不安全的方向发展；单位变动成本下降时，情况则相反。

在任务 4-11 中，如其他因素不变，产品的单位变动成本由原来的 6 元提高到 6.5 元，则盈亏平衡点销售量由原来的 40 000 件变成 48 000 件。

盈亏平衡点销售量$=\frac{12\ 0000}{9-6.5}=48\ 000$（件）

3. 固定成本单独变动

固定成本的变动会改变盈亏平衡点的计算公式中的分子，固定成本增加会使盈亏平衡点销售量提高，使企业的经营向不利的方向发展，反之则相反。

在任务 4-11 中，如其他因素不变，固定成本由原来的 120 000 元增加到 150 000 元，则盈亏平衡点销售量由原来的 40 000 件提高到 50 000 件。

盈亏平衡点销售量$=\frac{150\ 000}{9-6}=50\ 000$（件）

当企业生产多种产品时，由于不同产品的营利性是不同的，因此产品品种构成的变动必然对盈亏平衡点产生一定的影响。所谓产品品种构成就是各种产品的销售额占全部产品销售总额的比重。由于多品种产品综合边际贡献率$=\sum$（各种产品的边际贡献率×各种产品的销售比重），销售比重会影响到综合边际贡献率水平。所以，在其他条件不变的前提下，提高边际贡献率高的产品的销售比重，降低边际贡献率低的产品的销售比重，就会提高综合边际贡献率水平，从而达到降低综合盈亏平衡点销售量的目的。所以，当企业同时生产多种产品时，综合考虑产、供、销等方面的有关因素，确定经济合理的品种构成，也是提高生产经营营利性的一项重要措施，必须引起足够的重视。

学习情境三　如何预测和实现目标利润

盈亏平衡分析以企业利润为零、不盈不亏为前提，如此可简化本量利分析过程，便于建立定量化模型。但从现实角度看，企业处于现代市场经济激烈的竞争中，如果仅以不亏本和维持简单再生产为目的，那么企业将无法生存和发展。企业不但要保本，还要盈利，不能实现盈利是不正常的。只有在考虑到盈利存在的条件下，才能充分揭示成本、业务量和利润之间的正常关系。因此，本量利分析往往用来预测利润，规划最优的利润目标，并为实现目标利润提供各种有关生产、销售和价格的可行性方案。

子情境1　预测利润和实现目标利润的模型

1. 预测利润

企业在开始某项业务活动之前，通常要在产品的价格、生产成本及销售量等预测指标基础上，对计划期可望实现的利润额进行预测。可以根据获取数据的方便程度，选用上两节相关的公式来求得目标利润。这些公式如下。

利润＝单价×销售量－单位变动成本×销售量－固定成本

或

利润＝销售量×单位边际贡献－固定成本

利润＝销售收入×边际贡献率－固定成本

利润＝安全边际量×单位边际贡献

利润＝安全边际额×边际贡献率

【任务4－12】北京思博服装有限责任公司专门生产女装，预计2015年6月的女装销售量4 000件，单位售价240元，单位变动成本180元，固定成本总额150 000元。则单位边际贡献为60元，边际贡献率为25%，盈亏平衡点销售量为2 500个。

将有关数据代入上述公式可得：

预测利润＝240×4 000－180×4 000－150 000＝90 000（元）

或

预测利润＝（240－180）×4 000－150 000＝90 000（元）

$$预测利润=240\times4\,000\times\frac{240-180}{240}-150\,000$$

$$=960\,000\times25\%-150\,000=90\,000（元）$$

预测利润＝（4 000－2 500）×（240－180）＝90 000（元）

预测利润＝（4 000－2 500）×240×25%＝90 000（元）

2. 实现目标利润的模型

目标利润确定后，还要进一步预测为实现目标利润所需要的业务量，即保利点预测。

所谓保利点，是指在单价和成本水平确定的情况下，为确保预先确定的目标利润能够实现而应达到的销售量和销售额的统称。其计算公式可由本量利分析的模型变化得到：

$$目标利润销售量=\frac{固定成本+目标利润}{单价-单位变动成本}=\frac{固定成本+目标利润}{单位边际贡献}$$

$$目标利润销售额=\frac{固定成本+目标利润}{边际贡献率}=目标利润销售量\times 单价$$

上式中的目标利润一般指税前利润（以下同）。

【任务 4－13】依任务 4－12 资料，假设北京思博服装有限责任公司 2015 年 7 月目标利润为 108 000 元，价格和成本保持上月水平不变。则 7 月份北京思博服装有限责任公司的目标利润销售量和销售额各是多少？

$$目标利润销售量=\frac{150\ 000+108\ 000}{240-180}=4\ 300（件）$$

目标利润销售额＝4 300×240＝1 032 000（元）

计算结果说明，在现有条件下，北京思博服装公司为实现 108 000 元的目标利润，应使服装的销售量达到 4 300 件，或使销售收入达到 1 032 000 元。

子情境 2　为实现目标利润应采取的措施

根据前述公式可知，销售单价、销售数量、单位变动成本和固定成本这四个因素中，任意一个因素变动都可能对利润产生影响：单价的变动可通过改变销售收入而从正方向影响利润；销售数量的变动可通过改变边际贡献而从正方向影响利润；单位变动成本的变动可通过改变变动成本而从反方向影响利润，固定成本的变动会直接从反方向改变利润。在生产多品种产品的企业，产品品种构成也会影响利润的实现。目标利润分析除了预测利润外，更重要的是从分析影响利润的有关因素出发，采取相应措施，挖掘潜力，以保证目标利润的实现。

1. 采取单项措施以实现目标利润

【任务 4－14】北京思博服装有限责任公司在 2015 年 5 月生产销售男装，该男装单位售价 520 元，单位变动成本 338 元，固定成本总额 36 000 元，目标利润 55 000 元，经计算为实现此目标利润需要达到的销售量为 500 件。现假定该公司的目标利润在原有基础上增加 20%，即增加到 66 000［55 000×（1＋20%）］元，为保证实现目标，各有关因素要增加或降低多少？

（1）提高销售单价。设该男装提高后的售价为 SP，则根据本量利方程式有：

$500\times SP-500\times 338-36\ 000=66\ 000$

$SP=542$（元）

在其他因素不变的情况下，如果销售单价由 520 元提高到 542 元，即销售单价提高 4.23%，可实现目标利润 66 000 元。

（2）降低单位变动成本。设该男装降低后的单位变动成本为 VC，根据本量利方程

式有：

$520\times500-500\times VC-36\ 000=66\ 000$

$VC=316$（元）

在其他因素不变的情况下，如果将该男装的单位变动成本从338元降低到316元，即单位变动成本降低6.5%，可保证实现目标利润66 000元。

（3）降低固定成本总额。设固定成本总额为FC，根据本量利方程式有：

$520\times500-338\times500-FC=66\ 000$

$FC=25\ 000$（元）

在其他因素不变的情况下，如将固定成本总额由原来的36 000元降低到25 000元，即固定成本总额降低30.56%，可保证实现目标利润66 000元。

（4）增加销售量。设该机器设备的销售量为X，根据本量利方程式有：

$520X-338X-36\ 000=66\ 000$

$X=560$（件）

在其他因素不变的情况下，如果该男装的销售量由500件增加到560件，即销售量增加12%，可保证实现目标利润66 000元。

2. 采取综合措施以实现目标利润

上述为实现目标利润所采取的措施，是假定其他因素不变的情况下具体分析、计算，是从某一个方面来采取措施的。事实上，由于利润的大小及其增减是多种因素共同影响的结果，而有关因素之间存在既相互联系又相互制约的错综复杂的关系。比如，在超过生产能力范围的情况下，需增加产品的产销量，一方面要增加固定成本；另一方面可能要降低产品销售价格以保证实现销售。这两种情况发生的结果都将对利润增长带来不利的影响，这是十分明显的。但从另一角度看，由于固定成本的增加可能使企业的生产机械化、自动化程度得到提高，使企业劳动生产率得以提高，或由于原材料消耗定额、生产工时的节约，使单位产品的变动成本得以降低，这种情况的发生必然会增加企业的利润。因此，为如实反映实际情况，有必要综合考虑各种因素同时发生变动对实现目标利润带来的不同影响，进行综合计算和反复平衡，采取综合措施来实现目标利润。它主要包括下述三个步骤，我们通过任务题来说明。

【任务4-15】北京思博服装有限责任公司生产童装，单价100元，单位变动成本80元，相关固定成本15 000元，预计计划期产销量为850件。假设该企业仍有剩余生产能力，有增产潜力，但由于售价偏高，使销路受到限制。为了打开销路，企业准备降价10%，采取薄利多销的策略打开销路，争取实现税前利润3 000元。

（1）计算降价后实现目标利润所需的销售量。

$$\text{销售量}=\frac{\text{固定成本}+\text{目标利润}}{\text{单价}-\text{单位变动成本}}=\frac{15\ 000+3\ 000}{100\times(1-10\%)-80}=1\ 800\text{（件）}$$

这意味着，降价10%后，如果该企业的销售部门销售1800件是完全能实现的，同时生产部门也有足够的生产能力将其生产出来，则目标利润就可以实现了。不然，则需要继续分析并进一步落实。

（2）计算销售量一定的情况下实现目标利润所需要的单位变动成本。

任务 4-15 中，如果销售部门认为销售 1 800 件难度很大，降价 10%只能使销量增至 1 500 件。为此，需要在降低成本上挖潜。

$$为保证目标利润实现的单位变动成本=\frac{销售收入-固定成本-目标利润}{销售量}$$

$$=100\times（1-10\%）\times 1\ 500-\frac{(15\ 000+3\ 000)}{1\ 500}$$

$$=78（元）$$

为了实现目标利润，在降低单价 10%的同时，还需使单位变动成本从 80 元降至 78 元。如果生产部门认为，通过降低原材料和人工成本，这个目标是可以实现的，则预定的利润目标可以实现；否则，还要在固定成本的节约方面想办法。

（3）计算既定产销量和单位变动成本下实现目标利润所需的固定成本。

接任务 4-15，假定生产部门认为，通过努力，单位变动成本可以降低到 79 元，为此，企业还需要压缩固定成本支出。

固定成本＝销售量×单位边际贡献－目标利润

＝1 500×［100×（1－10%）－79］－3 000＝13 500（元）

减少的固定成本＝15 000－13 500＝1 500（元）

为了实现目标利润，在价格降低 10%，使销量增至 1 500 件，单位变动成本降至 79 元的同时，还需压缩固定成本 1 500 元，则目标利润可以实现；否则，应寻找进一步增收节支的办法，重新分析计算并分别落实，或建议修改目标利润。

学习情境四　敏感分析

1. 盈亏转折分析

找到使利润降为 0 的 P、V、Q、F 的临界值。

【任务 4-16】北京思博服装有限责任公司生产一种纽扣，单价为 2 元，单位变动成本 1.20 元，预计明年固定成本 40 000 元，产销量计划达 100 000 件。试确定有关参数发生多大变化使盈利转为亏损？

预计明年销售利润为：

P＝100 000×（2－1.20）－40 000＝40 000（元）

（1）单价的最小值。设单价为 SP：

100 000×（SP－1.20）－40 000＝0

SP＝1.60（元）

单价降至 1.60 元，即降低 20%（$\frac{0.4}{2}\times 100\%$）时企业由盈利转入亏损。

（2）单位变动成本的最大值。设单位变动成本为 VC：

100 000×（2－VC）－40 000＝0

VC＝1.60（元）

单位变动成本由 1.20 元上升至 1.60 元时，企业利润由 40 000 元降至 0。此时，单位变动成本上升了 33%（$\frac{0.4}{1.2}$×100%）。

（3）固定成本最大值。设固定成本为 FC：

100 000×（2－1.20）－FC＝0

FC＝80 000（元）

固定成本增至 80 000 元时，企业由盈利转为亏损，此时固定成本增加了 100%（$\frac{40\ 000}{40\ 000}$×100%）。

（4）销售量最小值（盈亏临界点销售量）如下：

$Q=\frac{40\ 000}{2-1.20}=50\ 000$（件）

销售计划如果只完成 50%（$\frac{50\ 000}{100\ 000}$×100%），则企业利润为 0。

2. 敏感系数的计算

$$敏感系数=\frac{目标值变动百分比}{参量值变动百分比}$$

【注】分母的变动百分比一般都是自己设定。

下面仍以上述任务题的数字为基础，进行敏感程度的分析：

（1）单价的敏感程度。假设单价增长 20%，则：

SP＝2×（1＋20%）＝2.40（元）

按此单价计算，利润为：

P＝100 000×（2.4－1.20）－40 000＝80 000（元）

利润原来是 40 000 元，其变化率为：

$$目标值变动百分比=\frac{80\ 000-40\ 000}{40\ 000}=100\%$$

$$单价的敏感系数=\frac{100\%}{20\%}=5$$

经营者根据敏感系数知道，每降价 1%，企业将失去 5%的利润，必须格外予以关注。

（2）单位变动成本的敏感程度。假设单位变动成本增长 20%，则：

VC＝1.20×（1＋20%）＝1.44（元）

按此单位变动成本计算，利润为：

P＝100 000 ×（2－1.44）－40 000＝16 000（元）

利润原来是 40 000 元，其变化率为：

$$目标值变动百分比=\frac{16\ 000-40\ 000}{40\ 000}=-60\%$$

单位变动成本的敏感系数$=\frac{-60\%}{20\%}=-3$

敏感系数绝对值大于1，说明变动成本的变化会造成利润更大的变化，仍属于敏感因素。

(3) 固定成本的敏感程度。假设固定成本增长20%，则：

$FC=40\ 000\times(1+20\%)=48\ 000$（元）

按此固定成本计算，利润为：

$P=100\ 000\times(2-1.20)-48\ 000=32\ 000$（元）

原来的利润为40 000元，其变化率为：

目标值变动百分比$=\frac{32\ 000-40\ 000}{40\ 000}=-20\%$

固定成本的敏感系数$=\frac{-20\%}{20\%}=-1$

这说明固定成本每上升1%，利润将减少1%。

(4) 销售量的敏感程度。假设销量增长20%，则：

$Q=100\ 000\times(1+20\%)=120\ 000$（件）

按此计算利润：

$P=120\ 000\times(2-1.20)-40\ 000=56\ 000$（元）

利润的变化率：

目标值变动百分比$=\frac{56\ 000-40\ 000}{40\ 000}=40\%$

销量的敏感系数$=\frac{40\%}{20\%}=2$

就本任务而言，影响利润的诸因素中最敏感的是单价（敏感系数5），其次是单位变动成本（敏感系数−3），再次是销量（敏感系数2），最后是固定成本（敏感系数−1）。

【提示】敏感系数为正值的，表明它与利润为同向增减；敏感系数为负值的，表明它与利润为反向增减。在判断敏感性的时候，应该以绝对值的大小为依据。

课下同步思考题

一、单项选择题

1. 若某一企业的经营处于盈亏临界状态，错误的说法是（　　）。

A. 此时销售额正处于销售收入线与总成本线的交点

B. 此时的固定成本为0

C. 此时的营业销售利润率等于0

D. 此时的边际贡献等于固定成本

【答案】B

2. 假设某企业只生产销售一种产品，单价 50 元，边际贡献率 40%，每年固定成本 300 万元，预计来年产销量 20 万件，则价格对利润影响的敏感系数为（　　）。

A. 10　　B. 8　　C. 4　　D. 40%

【答案】A

二、思考题

1. 什么叫盈亏平衡点？盈亏平衡点有哪两种表现形式？

2. 什么是本量利图？试举任务说明它们的绘制方法。

3. 什么叫安全边际？什么叫安全边际率？计算这两项指标有何作用？

4. 如何计算多品种盈亏平衡点？举例说明其计算方法。

三、计算题

D 物业公司在服务住宅区内开设了一家家政服务中心，为住宅区内住户提供钟点家政服务。家政服务中心将物业公司现有办公用房作为办公场所，每月固定分摊物业公司折旧费、水电费、电话费等共计 4 000 元。此外，家政服务中心每月发生其他固定费用 900 元。家政服务中心现有 2 名管理人员，负责接听顾客电话、安排调度家政工人以及其他管理工作，每人每月固定工资 2 000 元；招聘家政工人 50 名，家政工人工资采取底薪加计时工资制，每人除每月固定工资 350 元外，每提供 1 小时家政服务还可获得 6 元钱。

家政服务中心按提供家政服务小时数向顾客收取费用，目前每小时收费 10 元，每天平均有 250 小时的家政服务需求，每月按 30 天计算。

根据目前家政工人的数量，家政服务中心每天可提供 360 小时的家政服务。为了充分利用现有服务能力，家政服务中心拟采取降价 10% 的促销措施。预计降价后每天的家政服务需求小时数将大幅提高。

要求：

（1）计算采取降价措施前家政服务中心每月的边际贡献和税前利润。

（2）计算采取降价措施前家政服务中心每月的盈亏临界点销售量和安全边际率。

（3）降价后每月家政服务需求至少应达到多少小时，降价措施才是可行的？此时的安全边际是多少？

【答案】

根据上述资料知：

$F=4\ 000+900+2\times2000+50\times350=26\ 400$

$V=6$

$P=10$

$Q=250\times30=7\ 500$

（1）边际贡献$=10\times250\times30-6\times250\times30=30\ 000$（元）

税前利润$=30\ 000-4\ 000-900-2\ 000\times2-50\times350=3\ 600$（元）

（2）固定成本$=4\ 000+900+2\ 000\times2+50\times350=26\ 400$（元）

盈亏临界点销量$=\dfrac{26\ 400}{10-6}=6\ 600$（小时）

安全边际率$=\frac{250\times30-6\ 600}{250\times30}=12\%$

(3) $3\ 600=[10\times(1-10\%)-6]\times X-26\ 400$

每月小时：$X=\frac{3\ 600+26\ 400}{9-6}=10\ 000$（小时）

安全边际$=10\ 000\times9-\frac{26\ 400}{9-6}\times9=10\ 800$（元）

项目五　短期经营决策

知识目标

（1）能判断短期经营决策的方法；

（2）能熟练掌握短期经营决策的方法在生产决策和定价决策中的应用；

（3）了解存货决策分析方法。

能力目标

（1）掌握相关成本概念以及相关方法在企业生产决策和定价决策中的应用；

（2）熟悉短期经营决策的分析方法；

（3）理解企业的定价决策机制。

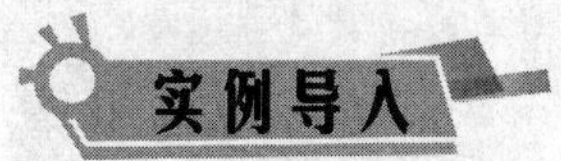

实例导入

格兰有限公司是一家制造高档电话机的公司，其产品主要在美国出售。公司的营业经理最近收到一家意大利连锁店的邀请，提交一个为该连锁店制造2 000台高档电话机的报价。格兰公司将在其有空闲生产能力时段进行这张订单的生产，且不会影响其正常的运作。然而，如果要取得这张订单，所提交的报价必须是很低的。

格兰公司电话机的标准成本和其他资料列示如下：

每台电话机的标准成本如表5-1所示。

表5-1　　每台电话机的标准成本

原材料	零部件A	18.00元
	零部件B	12.80元
	零部件C	10.00元
	包装	4.00元
直接人工	2小时，每小时20元	40.00元
组长人工	直接人工的10%	4.00元

续 表

间接费用	折旧	8.00 元
	其他一般固定制造费用	15.20 元
总成本		112.00 元
毛利	成本的 20%	22.40 元
每台售价		134.40 元

关于原材料的其他资料如下：

(1) 目前存货中还有至少 2 000 件零部件 A，但格兰的其他产品已不再使用零部件 A 了，而该零部件无其他用途。

(2) 零部件 B 是公司常用的，预计其价格在下年维持不变。

(3) 零部件 C 公司大量使用，但短期内将被一种新的零部件取代。那时在库的大量存货可按每件 4 元出售。新零部件的外购成本为每件 12 元。

这张订单并不需要公司的常规包装，但运往意大利的特别包装需花费 20 000 元，船运费用是 24 000 元。这张订单所需耗用的直接人工成本在公司有空闲生产能力时段一般按正常工资率照常支付。如果订单落实，要完成必需的维修工作便需支付超时工资 28 000 元。影响折旧的因素是时间而不是使用量。此外，这张订单直接引起的额外间接费用为 6 000元。

要求：

1. 计算格兰公司就制造 2 000 台高档电话机的订单的最低报价，而这报价又不会使格兰亏本。

2. 你提议的报价是多少？请列出原因。讨论接受这张订单前除财务因素外，还应考虑的其他因素。

学习情境一　什么是决策分析

子情境 1　决策分析的概念

现代管理理论认为：管理的中心在经营，经营的关键在决策。所谓决策即为达到预定目标，在考虑到各种可能的前提下，在若干可行备选方案中，选择最优方案的过程。

而决策分析则是管理会计人员对企业经营活动或投资活动中面临的问题，充分利用各种资料和信息，提出可行的备选方案，借助科学的理论和方法进行测算和分析，帮助主管当局决策的过程。

子情境 2　决策的分类

决策的分类有很多种，通常可按以下标准进行分类。

（1）按决策时期的长短进行分类，可分为短期决策和长期决策两类。

短期决策，又称为经营决策，通常是指只涉及一年以内经营业务的决策。决策时主要考虑在现有的资源条件下，如何取得最佳的效益。

长期决策，又称为长期投资决策，通常是指那些产生报酬和影响期间超过一年的决策。这类决策一般需要投入大量资金，决策时的重点是在考虑了货币的时间价值和投资的风险价值两个因素的基础上，如何取得最佳的投资回报。

（2）按决策的条件是否确定分类，可分为确定型决策、不确定型决策和风险型决策三类。

确定型决策，是指进行决策所需要的条件是确定的，没有不确定性因素，只需比较不同方案的计算结果即可作出决策。

不确定型决策，是指进行决策分析的条件是不能完全确定的，甚至出现的概率也不确定。

风险型决策，是指决策所需条件不能完全确定，但它们出现的概率是已知的，依据概率所作出的决策具有一定风险性。

（3）按决策的重要程度分类，可分为战略决策和战术决策两类。

战略决策，是指关系到企业未来发展方向、大政方针的全局性重大决策。

战术决策，是指为达到预期的战略性决策目标，对企业日常经营活动所采用的方法与手段的局部性决策。

子情境 3　决策分析的程序

为了科学地进行决策分析，一般按照以下五个步骤进行。

（1）明确决策目标。决策目标是决策分析的出发点和归结点，只有明确了决策目标才能按照既定要求完成。决策目标的确定实际上就是弄清这项决策究竟要解决什么问题。

（2）收集有关信息，提出可行的备选方案。针对决策目标，收集相关的各种信息，包括可计量和不可计量的资料，特别是如预期收入、预期成本等决策相关数据，力求数据确切。通过对各信息的分析整理，提出可行性的几个备选方案，并列出各个方案的条件，再次收集各方案有关的数据资料。

（3）比较分析各备选方案。将各备选方案的资料分类评价，选择专门的方法，如建立数学模型或者编制收益分析表等，对各方案的预期收益和预期成本进行计算、比较和分析，作出初步的判断和评价。

（4）考虑其他因素影响，确定最优方案。在上一步分析的基础上，进一步考虑计划期间各种非计量因素的影响。对备选方案的经营目标、效果进行权衡利弊得失的分析，并根据各方案提供的经济效益和社会效益的高低进行综合判断，从中选定最优方案。

(5) 组织决策方案的实施、跟踪、反馈。对上一阶段筛选出的最优方案付诸实施以后，隔一定期间还需对决策的执行情况进行评估，借以发现过去决策过程中存在的问题，然后通过信息反馈，纠正偏差，以保证决策目标的实现。

学习情境二　短期经营决策分析的常用概念和方法

子情境 1　短期经营决策分析的含义

短期经营决策分析，简称短期经营决策，它是指企业在一年内为获取最佳经济效益，在现有技术性装备和经营条件下，于若干可行方案中选择最优方案的过程。短期经营决策是侧重于从资金、成本、利润等方面对如何充分利用企业现有资源和经营环境，以取得尽可能大的经济效益而实施的决策。

短期经营决策分析主要包括生产经营决策分析、定价决策分析和存货决策分析三种。

生产经营决策分析是指企业在生产领域中，围绕一年内生产什么产品、是否继续生产、如何安排生产等问题而展开的决策分析。本项目主要介绍生产何种产品的决策、亏损产品的决策、追加订货的决策、半成品是否深加工的决策、零部件自制还是外购的决策、产品生产最优组合的决策等内容。

定价决策分析是指企业在短期（一年或一个经营周期）内，围绕如何确定销售产品价格水平等问题而展开的决策分析。本项目简略介绍定价决策的常用方法。

存货决策分析是指企业围绕一年内订货数量、订货时间等问题的决策分析。本项目主要介绍经济订货量的决策分析。

子情境 2　短期经营决策相关成本概念

1. 差量成本

差量成本是指一个备选方案的预期成本与另一个备选方案的预期成本之差，也可称为“差别成本”。与差量成本相对应的是差量收入和差量利润。三者相互结合，可有效地应用于多种决策方案的评价。

2. 边际成本

边际成本是指产品成本对产品产量无限小变化的变动部分。但在现实经济生活中，产品产量无限小的变化只能小到一个单位，低于一个单位就没有实际意义了。因此，边际成本就是产量增加或减少一个单位所引起的成本的变动量。

3. 机会成本

机会成本原是经济学术语。它以经济资源的稀缺性和多种选择机会的存在为前提，是

指在决策分析过程中，从各备选方案中选出某个最优方案而放弃次优方案所丧失的潜在利益。

4. 估算成本

估算成本也称为“假计成本”，它是机会成本的特殊形式，是指需要经过假定推断才能确定的机会成本。估算成本的典型形式就是利息。

5. 重置成本

重置成本是指目前从市场上重新取得某项现有的资产所需支付的成本。在短期经营决策的定价决策以及长期投资决策的以新设备替换旧设备的决策中，需要考虑以重置成本作为相关成本。

6. 付现成本

付现成本又叫现金支出成本。在进行短期经营决策时，付现成本就是动用现金支付的有关成本。

7. 专属成本

专属成本是指专门同某种产品、某批产品或某个部门相关联的成本。它具有明确的归属对象。

8. 可避免成本

可避免成本是指在短期经营决策中并非绝对必要的那部分成本。

9. 相关成本

相关成本是指与未来决策有关联的成本，也就是在进行决策时必须加以考虑的各种形式的未来成本。例如，付现成本、重置成本、边际成本、差量成本、机会成本、估算成本、专属成本、可避免成本等，都属于相关成本。

10. 无关成本

无关成本是指过去已经发生或虽未发生但对未来决策没有影响的成本，也就是在决策时无须考虑的成本。例如，沉没成本、历史成本等，都属于无关成本。

子情境3　短期经营决策的方法

企业决策可以采用的方法有多种，可根据决策对象的具体内容和性质的不同而作出选择。其中，短期经营决策最常用的分析方法有差量分析法、边际贡献分析法和成本无差别点分析法。

1. 差量分析法

差量分析法，又称为差量损益分析法、差别损益分析法，是通过两个方案之间预期成本与预期收入之差，衡量决策方案的优劣。两个方案的预期成本之差，即为差量成本；两个方案的预期收入之差，即为差量收入。而通过计算得出的两个方案的差量收入与差量成本之差称为差量损益。在比较方案时，如果差量损益大于零，表明前一备选方案优于后一备选方案；反之，则表明后一备选方案优于前一备选方案。

按差量分析法编制的差量损益分析表见表5-2。

表 5-2　　差量损益分析表

项目＼方案	A 方案	B 方案	差异额（Δ）
相关收入	R_A	R_B	ΔR
相关成本	C_A	C_B	ΔC
差量损益			ΔP

差量损益分析法一般只适用于两个互斥方案的选择。对于两个以上互斥方案的选择，只能通过两个方案逐次予以多次的相互比较，故比较烦琐，不宜采用，这类决策问题一般采用相关损益分析法进行决策分析。

2. 边际贡献分析法

由于在短期经营决策中，一般改变生产能力，固定资本总额通常稳定不变，故只需对产品所提供的边际贡献进行分析就可确定哪个方案最优，这种通过比较产品所提供的边际贡献的大小来确定最优方案的分析方法，就称为“边际贡献分析法”。

实际应用时，又可根据生产能力、耗用资源的不同，采用单位资源边际贡献法、边际贡献总额法和剩余边际贡献法，但不能以单位产品的边际贡献作为判断标准。

当企业生产只受到加工能力、原材料、能源等的限制时，在已知备选方案中各种产品的单位边际贡献和单位产品资源消耗定额的条件下，即可把单位资源边际贡献指标作为决策方案选优的标准。

$$\text{单位资源边际贡献}=\frac{\text{单位边际贡献}}{\text{单位产品资源消耗定额}}$$

单位资源边际贡献指标是一个正指标，该项指标越大，方案越好。

当有关决策方案的相关收入均不为零，相关成本全部为变动成本时，可以将边际贡献总额作为决策评价指标。

边际贡献总额指标也是一个正指标，该项指标越大，方案越好。

边际贡献总额分析法常被用于生产经营决策中不涉及专属成本和机会成本的单一方案决策或多方案决策中的互斥方案决策，如亏损产品的决策。

当备选方案可能引起一定的新增固定成本（专属固定成本）或机会成本时，则以剩余边际贡献总额作为决策评价指标，该指标越大，方案越好。

剩余边际贡献总额＝边际贡献总额－专属成本－机会成本

3. 成本无差别点分析法

成本无差别点分析法是指在短期经营决策中，当各备选方案的相关收入均为零，相关业务量为不确定因素时，通过判断处于不同水平上的业务量与成本无差别点业务量之间的关系，来作出互斥方案决策的一种方法。

成本无差别点业务量是指能使两个备选方案的总成本相等的业务量，又叫成本平衡

点、成本分界点。

设：x_0 为成本无差别点业务量，方案A的总成本为 y_1，固定成本为 a_1，单位变动成本为 b_1；方案B的总成本为 y_2，固定成本为 a_2，单位变动成本为 b_2。则有：

$$y_1 = a_1 + b_1 x$$

$$y_2 = a_2 + b_2 x$$

$$x_0 = \frac{a_1 - a_2}{b_2 - b_1}$$

当业务量大于 x_0 时，固定成本较高的方案A优于方案B；当业务量小于 x_0 时，固定成本较低的方案B优于方案A；当业务量等于 x_0 时，则两个备选方案的总成本相等，利润无差别。

4. 相关损益分析法

相关损益分析法是指在进行短期经营决策时，以有关备选方案的相关损益指标作为决策评价指标的一种决策分析方法。

相关损益分析法的基本原理是：首先计算每个备选方案的相关损益（即每个备选方案的相关收入与其相关成本的差额），然后比较每个备选方案的相关损益。相关损益为一个正指标，正值为相关收益，负值为相关损失。备选方案的相关收益越大，则该方案的经济效益越好。

5. 相关成本分析法

相关成本分析法是指在进行短期经营决策时，以有关备选方案的相关成本指标作为决策评价指标的一种决策分析方法。它是相关损益分析法的一种特殊形式。当各备选方案的相关收入均为零，相关业务量为确定因素时，通过比较各方案的相关成本指标，即可对决策方案作出选择。相关成本为一个反指标，该项指标越小，则方案的经济效益越好。

相关成本分析法主要适用于零部件需用量确定时的自制或外购的决策分析。

学习情境三　短期经营决策的案例分析

子情境1　生产决策

短期经营决策中的生产决策包括生产什么、生产多少、如何生产三大类问题。下面就针对这三大类问题进行介绍。

1. 生产何种产品的决策

在新产品开发的决策中，若企业利用现有生产能力生产多种产品，一般不需要增加固定成本，也不需考虑机会成本。在这种情况下，企业进行产品生产品种的决策分析，通常采用边际贡献分析法。

【任务5-1】北京思博服装有限责任公司有剩余生产能力，可以用于开发新产品，现有夹克、西服两种产品可供选择。夹克的预计单价为 100 元/件，单位变动成本为 80 元/件，单位产品工时定额为 5 工时/件；西服的预计单价为 50 元/件，单位变动成本为 35 元/件，单位产品工时定额为 3 工时/件。开发新产品不需要追加专属成本。分析企业应开发何种新产品。

本任务中，应采用单位资源边际贡献分析法，把每种产品单位工时提供的边际贡献的大小作为选择的依据。

表 5-3　　　　单位工时边际贡献分析表

项　目	夹克	西服
单位边际贡献	20	15
单位产品工时定额	5	3
单位工时边际贡献	4	5

从表 5-3 中可以看出，西服单位工时提供的边际贡献大于夹克单位工时提供的边际贡献，在生产能力一定的情况下，西服提供的边际贡献总额必然大于夹克提供的边际贡献总额。因此，公司应选择生产西服。

【任务 5-2】仍按任务 5-1 资料，如果北京思博服装有限责任公司现有剩余生产能力为 30 000 工时。分析企业应开发何种新产品。

本任务中，由于公司是利用现有剩余生产能力生产新产品，固定成本属于无关成本，与决策分析没有关系，可以不予考虑，因此应采用边际贡献总额分析法，把每种产品提供的边际贡献总额的大小作为选择的依据，见表 5-4。

表 5-4　　　　边际贡献总额分析表　　　　单位：元

项　目	夹克	西服
最大产量（件）	6 000	10 000
销售单价	100	50
单位变动成本	80	35
单位边际贡献	20	15
边际贡献总额	120 000	150 000

表 5-4 的计算表明，尽管西服单位产品的获利能力比较低，但是由于其工时消耗也低，产品生产总量多，为公司提供的边际贡献总额也就大，因此公司应选择生产西服。

2. 追加专属成本的新产品开发决策

当新产品开发的决策方案中需要追加专属成本时，就不能用边际贡献分析法进行分

析，而应用剩余边际贡献法、相关损益分析法或差量损益分析法进行决策。

【任务 5-3】开发新产品夹克和新产品西服的相关产销量、单价与单位变动成本等资料同任务 5-1 和任务 5-2，但假定开发过程中需要装备不同的专用设备，分别需要追加专属成本 10 000 元和 50 000 元（见表 5-5）。分析企业应开发何种新产品。

该任务中，备选方案存在专属成本，可采用剩余边际贡献法进行决策。

表 5-5　追加专属成本后 A、B 产品资料　单位：元

项　目	夹克	西服
最大产量（件）	6 000	10 000
销售单价	100	50
单位变动成本	80	35
单位边际贡献	20	15
边际贡献总额	120 000	150 000
专属成本	10 000	50 000
剩余边际贡献总额	110 000	100 000

考虑到专属成本，应考虑选择剩余边际贡献总额大的夹克进行生产。

本类决策也可以采用差量损益分析法进行分析。差量损益分析表见表 5-6。

表 5-6　差量损益分析表　单位：元

项　目	夹克	西服	差异额
相关收入	600 000	500 000	+100 000
相关成本	490 000	400 000	+90 000
变动成本	480 000	350 000	
专属成本	10 000	50 000	
差量损益			+10 000

差量损益大于零，故选择前一个方案即生产夹克。

3. 亏损产品的决策

某种产品发生亏损是企业常常遇到的问题，所谓亏损产品是指其销售收入不能补偿其全部成本支出的产品。亏损产品按其亏损情况具体又分为两类：一类是实亏产品，即销售收入低于变动成本，这种产品生产越多，亏损越多，一般不应继续生产；另一类是虚亏产品，即销售收入高于变动成本，这种产品对企业还是有贡献的，因为它能够为企业提供一定的边际贡献，对于这一类亏损产品，应区分不同情况进行决策。

（1）生产能力无法转移条件下的决策。生产能力无法转移是指企业出现亏损产品，若将亏损产品全部停产，剩余生产能力将闲置起来，无法用于生产其他产品或对外出租等。

【任务 5－4】假定北京思博服装有限责任公司生产夹克 1、夹克 2、夹克 3 三种产品，其中夹克 1 是亏损产品，有关资料见表 5－7。问：是否停产夹克 1？

表 5－7　停产前利润表　单位：元

项　目	夹克 1	夹克 2	夹克 3	合计
销售收入	2 500	2 000	3 000	7 500
减：变动成本	2 100	1 000	2 100	5 200
边际贡献	400	1 000	900	2 300
减：固定成本	500	400	600	1 500
利润	－100	600	300	800

固定成本是按销售收入比例分摊。

从表 5－7 中可以看出，夹克 1 虽没有获利，但能够提供 400 元的边际贡献，这可以补偿部分固定成本。因此，应继续生产，否则会使利润减少 400 元。可见，在企业生产能力无法转移的情况下，只有亏损产品能够提供正的边际贡献，就不应停止其生产，如果有条件，还应扩大生产，这样才能使企业利润增加；相反，若停止生产夹克 1，固定成本依然存在，不会因亏损产品的停产而改变，只能转由其他产品负担，在这种情况下，利润不仅不会增加，反而会减少。如果停止生产夹克 1，利润总额将由 800 元下降到 400 元，见表 5－8。

（2）生产能力可以转移条件下的决策。如果企业出现亏损产品，而亏损产品停产后，剩余的生产能力可以被充分利用于其他方面，如转产等，在这种情况下，究竟选择何种方案？

表 5－8　停产后利润表　单位：元

项　目	夹克 2	夹克 3	合计
销售收入	2 000	3 000	5 000
减：变动成本	1 000	2 100	3 100
边际贡献	1 000	900	1 900
减：固定成本	600	900	1 500
利润	400	0	400

【任务 5－5】仍用任务 5－4 资料，如果夹克 1 停产后，闲置的生产能力可用于对外出

租，预计获得租金 800 元。问：应否停止生产夹克 1？

在这种情况下，年租金收入 800 元，可视为继续生产亏损产品的机会成本，也可视为停产后的收入。此时：可用相关损益分析法进行决策分析，分析结果见 5－9。

表 5－9　相关损益分析表　单位：元

项　目	不停产	停产
相关收入	2 500	0
相关成本	2 900	0
其中：变动成本	2 100	0
机会成本	800	0
差量损益	－400	0

可见，停止生产亏损夹克 1，转而将闲置的生产能力对外出租，可多获得 400 元。应选择停产夹克 1，将闲置生产能力出租。

4. 追加订货的决策

如果企业有剩余的生产能力，除有开发新产品等用途外，还可以考虑是否接受客户的追加订货。这方面的决策可采用差量分析法，也可采用边际贡献分析法。原则上，如果客户所开出的销售单价大于追加订货的单位变动成本，并能补偿其可能发生的专属固定成本和机会成本，即可接受；反之，则不接受。

【任务 5－6】北京思博服装有限责任公司有剩余生产能力 5 000 工时，可用于生产现有的领带。生产领带每件需工时 2.5 小时，正常销售单价为 35 元/件，单位成本为 30 元/件。其中单位成本构成情况如表 5－10 所示：

表 5－10　单位成本构成情况表　单位：元

项目	金额
直接材料	12 元/件
直接人工	8 元/件
制造费用	10 元/件
其中：变动制造费用	4 元/件
固定制造费用	6 元/件
单位成本合计	30 元/件

现有某客户提出向该企业追加领带订货 2 000 件，并在产品款式上有一些特殊要求，需另购置一台专用设备，每年发生专属固定成本 2 000 元。但该客户仅愿出价 28 元/件。假设该企业的剩余生产能力除用于生产领带外，不能移作他用。

问：该企业是否应该接受该项追加订货？

从表面上看，这项订货不能接受，因为客户仅出价 28 元/件，而领带的单位成本却高达 30 元/件，并且接受追加订货还需发生 2 000 元的专属固定成本。然而，从管理会计的决策相关成本概念出发，就会发现，由于该项订货可利用现有的生产能力生产，故企业现有的固定成本为无关成本，接受该项订货将仅引起每件 24 元的变动成本和 2 000 元专属固定成本的发生。因此，该订货应否接受仅需考虑其收入是否超过相关的产品变动成本和专属固定成本。

对该项决策，现采用边际贡献分析法分析，见表 5－11。

表 5－11　　边际贡献分析表　　单位：元

摘要	金额
销售单价（元/件）	28
单位变动成本（元/件）	24
单位边际贡献（元/件）	4
边际贡献总额	8 000（4×2 000）
减：专属固定成本	2 000
剩余边际贡献	6 000

从计算结果可知，虽然追加订货的单价 28 元/件低于产品单位成本 30 元/件，但接受订货比不接受订货可多获利 6 000 元。所以应该接受这一低价的追加订货方案。

5. 产品是否继续加工的决策

（1）半成品是否进一步加工的决策分析。

在工业企业生产中，常常会遇到半成品是直接出售还是继续加工的问题。对于这类问题的决策，需视进一步加工后增加的收入是否超过进一步加工过程中追加的成本而定。如果前者大于后者，则进一步加工的方案较优；反之，如果前者小于后者，则应选择直接出售方案。

【任务 5－7】北京思博服装有限责任公司每年可生产半成品 5 000 件，如果直接出售，单价为 20 元，其单位成本资料为：单位直接材料成本为 8 元；单位直接人工成本为 4 元；单位变动制造费用为 3 元；单位固定制造费用为 2 元；合计为 17 元。现在该工厂的生产能力还有一定剩余，可以将半成品继续加工后再出售，这样单价可提高到 25 元，但每件需要追加工资 3 元、变动制造费用 1 元。每件半成品可加工出一件产成品。问：是否继续加工？

由于已经发生的半成品成本是与决策无关的沉没成本，因此相关成本只有追加的工资和变动制造费用。该项决策可采用差量分析法，分析结果见表 5－12。

表 5-12　　　　差量损益分析表　　　　单位：元

项　目	进一步加工	直接出售	差　量
相关收入	25×5 000=125 000	20×5 000=100 000	25 000
相关成本	20 000	0	20 000
其中：追加工资	3×5 000=15 000	0	—
追加变动制造费用	1×5 000=5 000	0	
差量损益			5 000

可见，继续加工比直接出售可多获利 5 000 元，因此应选择进一步加工后再出售的方案。

(2) 联产品是否进一步加工的决策分析。

联产品是指利用同一原材料，在同一生产过程中生产出若干种经济价值较大的产品，如炼油厂提炼原油，可以生产出汽油、柴油、煤油等各种燃料油。有许多联产品既可以在分离后立即出售，也可以经进一步加工后再出售。

这种决策与半成品是否进一步加工的决策十分相似，只是进一步加工联产品方案的相关成本中的变动性进一步加工成本称为“可分成本”，属于相关成本，联产品本身的成本称为“联合成本”，属于无关成本。

对这类问题进行决策分析，仍可采用差量损益分析法或相关损益分析法来对方案进行选择。

【任务 5-8】北京思博服装有限责任公司对同一种布料进行加工，可生产出西服 1、西服 2、西服 3 三种联产品，年产量分别为 7 500 件、4 500 件、3 000 件。全年共发生 1 350 000元联合成本，每种联产品承担的联合成本分别是 675 000 元、405 000 元、270 000元。其中西服 3 联产品可直接出售。企业已经具备将 80%的西服 3 深加工为商务西服的能力，且无法转移。每深加工 1 件 商务西服需额外追加可分成本 60 元。西服 3 与商务西服的投入产出比任务为 1∶0.7。如果企业每年额外支付 60 000 元租金租入一台设备，可以使深加工能力达到 100%。西服 1、西服 2、西服 3 三种联产品单价分别是 600 元、620 元、405 元，商务西服的单价为 720 元。计划年度企业可以在以下三个方案中作出选择，即将全部西服 3 深加工为商务西服、将 80%的西服 3 深加工为商务西服和直接出售西服 3 联产品。

(1) 确定各个方案的相关业务量、相关收入和相关成本；

(2) 作出是否将西服 3 深加工为商务西服的决策。

解答如下：

(1) 依题意，“将全部西服 3 深加工为商务西服”方案确认相关收入的相关业务量就是商务西服的产销量：

商务西服的产销量=3 000×0.7=2 100（件）

相关收入＝720×2 100＝1 512 000（元）

该方案确认可分成本相关业务量是西服 3 的产量 3 000 件。

可分成本＝60×3 000＝180 000（元）

专属成本为 60 000 元。

“将 80％的西服 3 深加工为商务西服”方案确认相关收入的相关业务量包括商务西服的产销量和直接出售的西服 3 的销量：

商务西服的产销量＝3 000×0.7×80％＝1 680（件）

直接出售的西服 3 的销量＝3 000×（1－80％）＝600（件）

相关收入＝720×1 680＋405×600＝1 452 600（元）

该方案确认可分成本的相关业务量是西服 3 的产量为 3 000 件。

可分成本＝60×3 000×80％＝144 000（元）

“直接出售全部西服 3”方案的相关业务量为 3 000 件。

相关收入＝405×3 000＝1 215 000（元）

相关成本＝0

（2）依题意编制的相关损益分析表见表 5－13。

表 5－13　　相关损益分析表　　单位：元

项目＼方案	西服 3 深加工为商务西服		直接出售全部西服 3
	西服 3 深加工为商务西服	将 80％的西服 3 深加工为商务西服	
相关收入	1 512 000	1 452 600	1 215 000
相关成本	240 000	1 44 000	0
其中：加工成本	180 000	1 44 000	0
专属固定成本	60 000	0	0
相关损益	1 272 000	1 308 600	1 215 000

决策结论：应将 80％的西服 3 深加工为商务西服后再出售。

6. 零部件自制还是外购的决策

零部件自制还是外购的决策又叫零部件取得方式的决策。企业生产产品所需要的零部件，是自己组织生产还是从外部购进，这是任何企业都会遇到的决策问题。需要指出，无论是零部件自制还是外购，并不影响产品的销售收入，只需考虑两个方案的成本，哪一个方案的成本低则选择哪一个方案。

零部件自制或外购的决策分析一般可采用相关成本分析法和成本平衡点分析法。

（1）零部件自制不需增加固定成本且自制能力无法转移。在企业已经具备的自制

能力无法转移的情况下，原有的固定成本属于沉没成本，不会因零部件的自制或外购而发生变动。因此，在这项决策分析中，只需将自制方案的变动成本与外购成本进行比较。如果自制变动成本高于外购成本，应外购；如果自制变动成本低于外购成本，应自制。

【任务 5-9】北京思博服装有限责任公司每年需用纽扣 100 000 件，该零件既可以自制，又可以外购。若外购每件单价为 40 元。若自制，企业拥有多余的生产能力且无法转移，其单位成本如表 5-14 所示。

表 5-14　　单位成本资料表

直接材料	30 元/件
直接人工	6 元/件
变动制造费用	3 元/件
固定制造费用	5 元/件
单位成本合计	44 元/件

A 零件是自制还是外购？

根据题意，可采用相关成本分析法。由于企业拥有多余的生产能力，固定成本属于无关成本，不需考虑，自制单位变动成本为 39 元（直接材料 30 元，直接人工 6 元，变动制造费用 3 元），外购单价为 40 元。则有

自制总成本为：100 000×39＝3 900 000（元）

外购总成本为：100 000×40＝4 000 000（元）

企业应选择自制方案，可节约成本 100 000 元。

（2）零部件自制不需增加固定成本且自制能力可以转移。在自制能力可以转移的情况下，自制方案的相关成本除了包括按零部件全年需用量计算的变动生产成本外，还包括与自制能力转移有关的机会成本，无法通过直接比较单位变动生产成本与外购单价作出决策，必须采用相关成本分析法。

【任务 5-10】仍依任务 5-9 资料，假定自制纽扣的生产能力可以转移，每年预计可以获得边际贡献 1 000 000 元。纽扣是自制还是外购？

根据题意，可采用相关成本分析法。由于企业拥有多余的生产能力，固定成本属于无关成本，不需考虑，自制单位变动成本为 39 元（直接材料 30 元，直接人工 6 元，变动制造费用 3 元），外购单价为 40 元。自制纽扣的机会成本为 1 000 000 元。

依题意编制的相关损益分析表见表 5-15。

表 5-15　　相关损益分析表　　单位：元

方案 项目	自制纽扣	外购纽扣
变动成本	100 000×39=3 900 000	100 000×40=4 000 000
机会成本	1 000 000	
相关成本合计	4 900 000	4 000 000

企业应选择外购方案，可节约成本 900 000 元。

(3) 零部件自制但需要增加固定成本。当自制零部件时，如果企业没有多余的生产能力或多余生产能力不足，就需要增加固定成本以购置必要的机器设备。在这种情况下，自制零部件的成本，就不仅包括变动成本，而且还包括增加的固定成本。由于单位固定成本是随产量呈反比例变动的，因此对于不同的需要量，决策分析的结论就可能不同。这类问题的决策分析，根据零部件的需要量是否确定，可以分别采用相关成本分析法和成本平衡点分析法来进行分析。若零部件的需要量确定，可以采用相关成本分析法，若零部件的需要量不确定则采用成本平衡点分析法。因零部件的需要量确定情况下的零部件自制与否的决策与任务 5-10 相似，这里仅就零部件需要量不确定情况下的自制与否的决策进行举任务。

【任务 5-11】北京思博服装有限责任公司需要的纽扣可以外购，单价为 60 元；若自制单位变动成本为 24 元，每年还需增加固定成本 45 000 元。分析纽扣是自制还是外购。

由于零部件的需要量不确定，因此需采用成本平衡点分析法进行分析。

设：x_0 为成本平衡点业务量，自制方案的总成本为 y_1，固定成本为 a_1，单位变动成本为 b_1；外购方案的总成本为 y_2，固定成本为 a_2，单位变动成本为 b_2。其中：

$a_1=45\ 000$（元）

$b_1=24$（元）

$a_2=0$

$b_2=60$（元）

则有：$y_1=45\ 000+24x$

$y_2=60x$

$x_0=\dfrac{45\ 000}{60-24}=1\ 250$（件）

这说明，当零部件需要量在 1 250 件时，外购总成本与自制总成本相等；当零部件需要量在 1 250 件以内时，外购总成本低于自制总成本，应选择外购方案；当零部件需要量超过 1 250 件时，自制总成本低于外购总成本，应选择自制方案。

7. 产品生产最优组合的决策

在生产多种产品的企业中，常常会遇到产品的最优组合问题。产品最优组合就是通过

产品品种的合理搭配，使企业有限的资源和生产能力得到最充分的利用，以提高企业的经济效益，一般应采用线性规划分析法。

具体步骤如下：

首先，确定目标函数与约束条件，并列出其代数式；

其次，根据约束条件在平面直角坐标系中作图，确定产品组合的可行解区域；

最后，在可行解区域里，确定能使目标函数得到最大值或最小值的产品最优组合。

【任务 5-12】北京思博服装有限责任公司生产纽扣、拉链两种产品，其有关数据见表 5-16。用线性规划分析法确定两种产品的最优组合。

表 5-16　　甲、乙两种产品有关数据

项　目	纽扣	拉链	最大生产能力
机器工时定额（工时）	5	10	2 000
电力消耗定额（度）	30	20	6 000
单位边际贡献（元/件）	40	50	

设：X_1 为甲产品产量，X_2 为乙产品产量，CM 为最大边际贡献。

则目标函数为：

$CM=40X_1+50X_2$

约束条件为：

$$\begin{cases}5X_1+10X_2\leqslant 2\,000\\30X_1+20X_2\leqslant 6\,000\end{cases}$$

$X_1\geqslant 0$，$X_2\geqslant 0$

根据上述约束条件，可用图解法求出最优解，下面说明求解过程。

首先，根据约束条件在直角坐标系中作图。

根据 $5X_1+10X_2\leqslant 2\,000$ 式，有

设 $X_1=0$，则 $X_2\leqslant 200$

设 $X_2=0$，则 $X_1\leqslant 400$

根据 $30X_1+20X_2\leqslant 6\,000$ 式，有

设 $X_1=0$，则 $X_2\leqslant 300$

设 $X_2=0$，则 $X_1\leqslant 200$

据此在坐标系中绘出约束条件的图形，如图 5-1 所示。

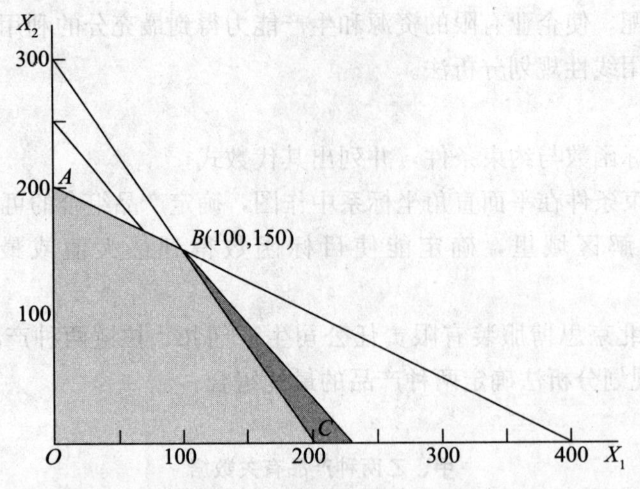

图 5-1　产品的最优组合

其次，根据坐标图，确定可行解区域。在图 5-1 中，由两个约束条件方程形成的两条直线与 X_1 轴和 X_2 轴共同围成一个区域 $OABC$（图中阴影部分），在这个区域内的任何一点均满足约束条件。因此，该区域就是可行解区域。

最后，根据可行解区域，确定最优解。线性规划理论证明，目标函数最优解一定在可行解区域的顶点上。图 5-1 中的可行解区域有四个顶点，究竟哪一个顶点代表最优产品组合，需将各顶点的坐标代入目标函数，见表 5-17。

表 5-17　　四个顶点对应的目标函数值　　单位：元

顶点	目标函数	边际贡献总额
O（0，0）	40×0+50×0	0
A（0，200）	40×0+50×200	10 000
B（100，150）	40×100+50×150	11 500
C（200，0）	40×200+50×0	8 000

由表 5-17 可知，顶点 B（100，150）的目标函数值最大，为最优解。这就是说：当企业生产 100 件甲产品和 150 件乙产品时是两种产品的最优组合，可使企业获得最大边际贡献 11 500 元。

最优产品组合也可以通过等利润线确定。等利润线是提供相等利润的各种产品组合点连成的线，具体应用不再展开。至于多种产品的最优组合，无法用图解法进行求解，可根据线性规划原理，用单纯形法或借助于电子计算机进行求解。

子情境 2　定价决策

1. 定价决策的意义

工业企业产品出厂价格是否合理，不仅直接影响产品的销路，而且同时影响企业的收入和利润。

如果产品定价过高，会减少销售量；如果定价过低，则不足以保证足够的利润。因此，定价决策是企业至关重要的一项经营决策。

2. 定价决策的方法

企业在实践中采用的定价决策方法主要包括成本加成定价法、合同定价法和特殊产品定价法。这里只介绍前面两种定价决策的方法。

（1）成本加成定价法。对市场上大量销售、有标准规格的正常产品，通常采用成本加成定价法。该方法在不同成本计算法下有着不同的内涵。现分别说明如下：

①全部成本计算法下的成本加成定价法

按全部成本计算法制定价格，是在单位生产成本的基础上加上一定的毛利率而得，其计算公式为：

$$\text{价格}=\text{单位生产成本}\times(1+\text{成本毛利率})$$

其中：

$$\text{成本毛利率}=\frac{\text{投资额}\times\text{预期投资报酬率}+\text{非生产成本}}{\text{生产成本}}\times 100\%$$

【任务 5－13】北京思博服装有限责任公司生产夹克，并准备采用成本加成定价法制定目标价格。会计部门提供生产甲产品 1 000 件时的有关成本资料如下：直接材料 40 000 元；直接人工 34 000 元；变动制造费用 25 000 元；固定制造费用 61 000 元；变动销售费用 13 000 元；管理费用 11 000 元；合计 184 000 元。如果该公司投资总额是 400 000 元，预期投资报酬率为 14%。问目标价格应该是多少？

将有关数据代入上面的计算公式：

$$\text{成本毛利率}=\frac{400\ 000\times 14\%+13\ 000+11\ 000}{40\ 000+34\ 000+25\ 000+61\ 000}\times 100\%=50\%$$

$$\text{目标价格}=\frac{160\ 000}{1000}\times(1+50\%)=240\ (\text{元})$$

②变动成本计算法下的成本加成定价法

按变动成本计算法制定价格，是在成本的基础上加上一定的边际贡献，边际贡献是按照成本贡献率计算确定的。其价格计算公式为：

$$\text{价格}=\text{单位变动成本}\times(1+\text{成本贡献率})$$

$$\text{成本贡献率}=\frac{\text{投资额}\times\text{预期投资报酬率}+\text{固定成本}}{\text{变动成本}}\times 100\%$$

【任务 5－14】仍依任务 5－13 资料，要求：按变动成本计算法确定目标价格。

将有关数据代入计算公式：

$$成本贡献率=\frac{(400\ 000\times 14\%+61\ 000+11\ 000)}{(40\ 000+34\ 000+25\ 000+13\ 000)}\times 100\%=114\%$$

$$目标价格=\frac{112\ 000}{1\ 000}\times(1+114\%)=239.68（元）\approx 240（元）$$

值得注意的是，成本贡献率适用于产销量稳定或按订单生产的企业。此外还可以根据企业历史中的经验数据或本行业平均成本利润率等来确定成本贡献率。

（2）合同定价法。

对于无市价可参考的非标准产品，只能以成本为基础，经过买卖双方协商后，通过签订合同的形式确定下来，此类定价方法称为合同定价法。此法中签订的合同具体可分为四种价格合同。

①固定价格合同

固定价格合同是在买卖双方都对产品的生产进行调查和预测的情况下，提出各自的价格，然后经过协商，在合同中确定的一个双方都同意的价格。产品完工后，如果实际成本较低对卖方有利，对买方不利；反之，如果实际成本较高，对买方有利，对卖方不利，卖方可能微利甚至亏损。因此，签订这种合同对买卖双方来说都承担比较大的风险，这就要求买卖双方在签订合同前，对产品成本必须有比较精确的预测，否则任何一方都可能蒙受不必要的损失。签订这种合同的可取之处在于有利于使卖方努力降低成本。

②成本加成合同

成本加成合同规定卖方成本可在双方同意的合理范围内实报实销，并以实际成本为基础，加上按成本利润率计算的利润，以此作为今后双方结算的价格。其价格计算公式为：

$$价格=实际成本\times(1+成本利润率)$$

从计算公式可看出，实际成本越高，卖方获利越多，因此，采用这种定价合同容易使卖方故意虚抬成本，使买方蒙受损失。由于成本加成合同存在上述缺陷，企业已很少采用。

③成本加固定费用合同

成本加固定费用合同规定价格由实际成本和固定费用两部分构成。发生的成本可实报实销，而固定费用则由合同明确规定，不受实际成本高低的影响。如果实际成本只包括生产成本，则固定费用相当于毛利，如果实际成本既包括生产成本，又包括非生产成本，则固定费用相当于营业净利润。这种定价合同由于确保卖方获取一定的利润，因此，可避免卖方虚抬成本的不良行为发生，从而减少双方的风险，但不足之处在于不能促使卖方降低成本。

④奖励合同

奖励合同明确规定预算成本和固定费用的数额，同时规定如果实际成本超过预算成本时，可以实报实销；如果实际成本低于预算成本，则成本节约额按合同规定的比例由买卖双方共同分享。这种定价方法可促使卖方千方百计地降低成本。

子情境 3　存货决策

存货决策包括存货的购进、储存、发出等各个方面，正确的存货决策不仅可以节约资金、减少库存，还有利于提高企业的经济效益。

一、存货决策的意义

存货是指企业在日常生产经营活动中为生产或销售而储备的物资，包括原材料、库存商品、包装物、低值易耗品和委托加工物资等。

在我国，随着市场经济体制改革的深入，企业的自主权进一步扩大，企业之间的竞争也加剧了，因此，企业对存货进行科学的决策分析，使存货保持一个最优水平就显得很重要。一方面，因为企业持有充足的存货，不仅有利于生产过程的顺利进行，节约采购费用与生产时间，而且能够迅速地满足客户各种订货的需要，从而为企业的生产和销售提供较大的机动性，避免因存货不足带来的机会损失。但存货的增加必然会占用更多的资金，将使企业付出更大的持有成本，而且存货的储存与管理费用也会增加，影响企业获利能力的提高。另一方面，存货储存过少，不能满足正常生产经营的需要，会出现缺货或生产停工等情况，从而影响企业的信誉，还会带来经济损失。因此，如何在存货的功能与成本之间进行利弊权衡，在充分发挥存货功能的同时降低成本、增加收益，实现它们的最优组合，就成为存货管理的目标。

二、经济订货量的决策

1. 经济订货量的概念

按照存货管理的目的，需要通过合理的进货批量和进货时间，使存货总成本最低的进货批量，也叫作经济订货量或经济批量。

2. 经济订货量基本模型的假设条件

（1）能及时补充存货，即存货可瞬时补充；

（2）能集中到货，即不是陆续入库；

（3）不允许缺货，即无缺货成本；

（4）需求量稳定，并能预测；

（5）存货单价不变；

（6）企业现金充足，不会因现金短缺而影响进货；

（7）所需存货市场供应充足，可以随时买到。

3. 经济订货量决策相关成本（如图 5－2 至图 5－4 所示）

- 总成本
  - 取得成本
    - 购置成本：年需要量×单价（常数）
    - 订货成本
      - 固定订货成本——与订货次数无关（常数）
      - 变动订货成本——与订货次数有关
      - ＝年订货次数×每次订货成本
  - 储存成本
    - 固定储存成本——与存货占用量无关（常数）
    - 变动储存成本——与存货占用量有关
    - ＝年平均仓库存量×单位存货的年储存成本
  - 缺货成本→0

图 5－2　总成本图示

- 其中决策相关成本
  - 变动订货成本
  - 变动储存成本＝年平均库存×单位存货的年储存成本

图 5－3　相关成本图示

①变动储存成本＝年平均库存量×单位存货的年储存成本

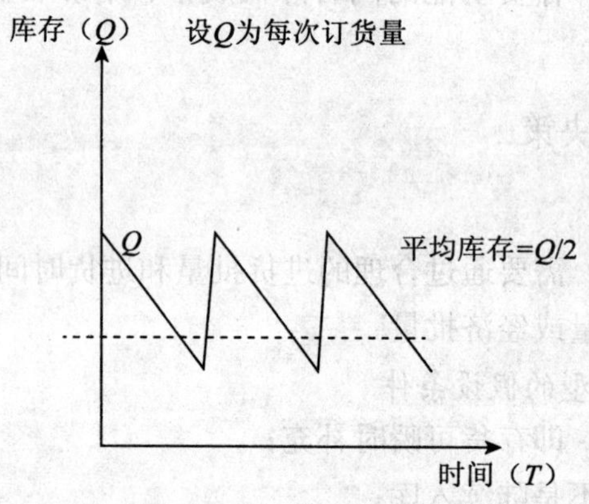

图 5－4　平均库存图示

$$变动储存成本=\frac{Q}{2}\times C（C 是单位存货的储存成本）$$

②变动订货成本＝年订货次数×每次订货成本

$$变动订货成本=\frac{A}{Q}\times B$$

（A 为年需要量；B 为单位订货成本）

A（年存货需要量）为 1 000 千克，Q（每次订货量）为 100 千克/次。

$$订货次数=\frac{A}{Q}=\frac{1\ 000}{100}=10$$

变动储存成本$=\frac{Q}{2}\times C$，变动订货成本$=\frac{A}{Q}\times B$，目的就是使二者之和最小。

$$Y' =\frac{Q}{2}\times C+\frac{A}{Q}\times B=0$$

三、经济订货量基本模型及其变形

（1）经济订货量（Q^*）基本模型：$Q^*=\sqrt{\frac{2\times A\times B}{C}}$

（2）基本模型演变形式如下。

$$每年最佳订货次数（N^*）=\frac{A}{Q^*}$$

$$存货相关总成本\ TC（Q^*）=\sqrt{2\times A\times B\times C}$$

$$最佳订货周期（t^*）=1/N^*（年）$$

$$经济订货量占用资金（I^*）=年平均库存\times 单位购置成本=\frac{Q^*}{2}\times U$$

该公式也可以用图 5－5 来理解：

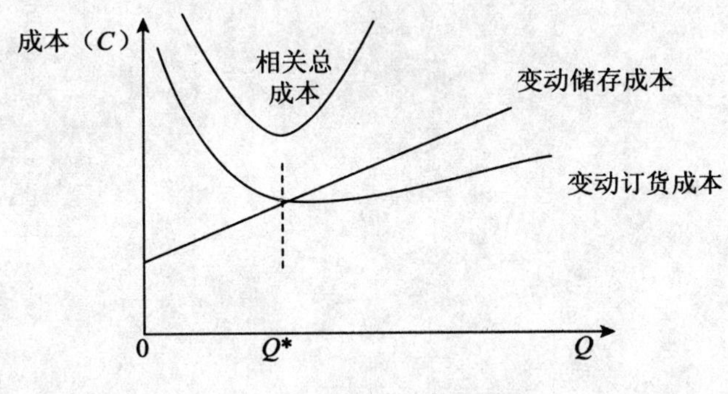

图 5－5　相关总成本图示

相关总成本最低点就是变动储存成本＝变动订货成本。

【任务 5－15】某企业每年耗用某种材料 3 600 千克，该材料单位成本为 10 元，单位储存成本为 2 元，一次订货成本为 25 元。则：

$Q=\sqrt{\frac{2\times A\times B}{C}}=\sqrt{\frac{2\times 3\ 600\times 25}{2}}=300$（千克）

$N=\frac{D}{Q}=\frac{3\ 600}{300}=12$（次）

$TC（Q）=\sqrt{2\times 3\ 600\times 25\times 2}=600$（元）

$t=\frac{1}{N}=\frac{1}{12}=1$（月）

$I=\frac{Q}{2}=\frac{300}{2}\times 10=1\ 500$（元）

课下同步思考题

一、单项选择题

下列会引起经济订货量占用资金反方向变动的是（　　）。

A. 存货年需要量的变动

B. 单位存货年变动储存成本的变动

C. 单价的变动

D. 每次订货的变动成本的变动

【答案】B

二、思考题

1. 在经营决策分析中，衡量选择最佳方案常用的方法有哪些？

2. 什么是差量分析法？试举例说明这种方法的应用。

3. “为了扭亏为盈，凡是亏损产品都应该停产”这句话对吗？为什么？

项目六　长期投资决策

知识目标

(1) 能判断长期投资决策的方法；

(2) 懂得长期投资决策分析方法的具体应用。

能力目标

(1) 掌握长期投资决策的内容及分类；

(2) 熟悉长期投资决策的折现法与非折现法的应用及其局限。

实例导入

在过去的10年里，西门子一直是无线电话市场的龙头企业，其他一些公司在不同程度上效仿该公司的产品，但西门子仍然在市场中占有绝对支配地位，因为该公司的产品是市场上质量最好的产品。现在，西门子准备生产一种新的无线电话。这种新型电话不会代替公司现有的产品，但会影响公司现有产品的销售。经过销售部、生产部等各部门的讨论，与这种新型无线电话相关的收入和成本数据如下：

(1) 为了生产新产品，需要购买新设备。新设备的购买价格为6万元。预计该设备可使用6年，期末无残值。公司计划对该设备采用直线法计提折旧。

(2) 市场部预测新型电话在未来6年内的销售收入分别为8万元、14万元、18万元、28万元、38万元、44万元。

(3) 在未来6年内新型电话的销售成本分别为4万元、7万元、9万元、14万元、19万元、22万元。

(4) 预计现有电话的分销商将倾向于销售新型电话，这将导致他们减少对现有产品的销售。估计在未来6年内现有产品的销售收入每年将降低6万元。

(5) 为了推广新产品，需增加对产品的宣传力度。预计第一年的广告费为3万元，以后各年的广告费用为1万元。

(6) 为了推广新产品，需对销售人员进行培训，每年的支出为1万元。

(7) 该公司的所得税率为40%。

(8) 公司进行该投资的必要报酬率为10%。

根据以上资料：

(1) 计算项目的现金流量。

(2) 计算该项目的净现值，并说明公司是否应对该项目进行投资。

学习情境一　什么是长期投资决策

子情境 1　长期投资的基本概念

长期投资是指企业为长远经营需要，并使其在较长时间内获取收益的资金投放活动。与长期投资有关的支出是一种资本性支出，长期投资具有这样一些特征：投入资金的数额多，对企业影响的持续时间长，资金回收的速度慢，遭受风险的可能性大。进行长期投资时应持谨慎态度，遵循一定的决策程序，并考虑到各种影响因素。

子情境 2　长期投资决策的内容和分类

长期投资决策一般涉及三方面内容：固定资产投资、流动资产投资、有关费用支出(包括开办费、培训费等)。

长期投资决策可按以下标准分类：

1. 根据投资影响范围的不同

(1) 战略性投资决策：对整个企业的业务经营发生重大影响的投资决策。

(2) 战术性投资决策：仅局限于原有产品的更新换代、降低产品成本等投资决策。

2. 根据投资标的物的不同

(1) 固定资产投资决策：为了增加固定资产数量或提高固定资产效率，以扩大生产能力的投资决策。它包括新建、扩建、改建固定资产，购置、租赁固定资产等投资决策。

(2) 有价证券的长期投资决策：为了提高资金效益而进行的不能在一年以内变现的投资决策。它包括股权投资决策、债权投资决策等。

学习情境二　长期投资决策需要考虑的具体因素

子情境 1　货币时间价值

小贴士

你现在将 100 元存入银行，1 年后银行还你 110 元，其中 10 元就是银行使用你的 100 元，按占用时间（1 年）利率（10%）而给予的报酬（货币的时间价值）。如果你将 100 元放在家中不用，1 年后还是 100 元，不会带来任何报酬或增值。因此，确切地说，货币的时间价值是指将货币让给他人使用而按时间取得的报酬或增值。

一、货币时间价值的含义

货币的时间价值，是指货币经历一定时间的投资和再投资所增加的价值，也称为资金的时间价值。

二、几组概念

（1）单利：只有本金计息，利息不再计息的一种计息方式。

（2）复利：本金和利息都计息的一种计息方式。俗称“利滚利”（本书主要计算复利）。

（3）现值：“0”时点的价值，或现在的价值。俗称“本金”，通常记作 P。

（4）终值：是现在一定量现金在未来某一时点上的价值，俗称“本利和”，通常记作 F。

（5）复利终值：$F=P\cdot(1+i)^n=P\cdot(P/F,\ i,\ n)$

（6）复利现值：$P=\frac{F}{(1+i)^n}=F\cdot(P/F,\ i,\ n)$

n 表示计息次数，i 是对应的利率。

学会两种表达式，第一个等式是传统表达式。

金额只出现一次。

第二个等式是系数表达式。

怎么理解金额只出现一次呢？

比如某人一次性存入银行10万元，年利率5%，存入3年，问3年后本利和是多少？

存了几个10万——一个

10万——现值P

$n=3$年——对应的年利率——5%

3年后的本利和是终值F

所以本题是已知现值，求终值。

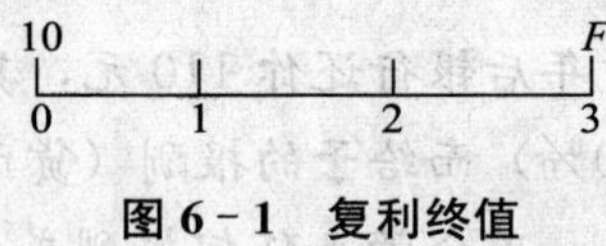

图6-1 复利终值

$F=P\cdot(F/P, i, n)=10\times(F/P, 5\%, 3)$，查系数表。

谁在前面，就是谁的系数，只出现F和P，就是复利，连起来该系数就是复利终值系数。

如果某人想3年后拥有20万元，问在年利率6%的情况下，现在需要向银行存入多少钱？

3年后想有几个20万元啊——一个

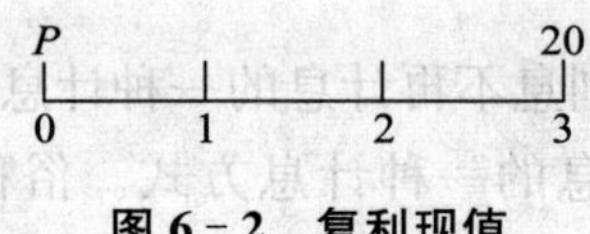

图6-2 复利现值

20万元——终值F

$n=3$年——对应的年利率——6%

所以本题是已知终值，求现值。

$P=F\cdot(P/F, i, n)=20\times(P/F, 6\%, 3)$，查系数表。

谁在前面，就是谁的系数，只出现F和P就是复利，连起来该系数就是复利现值系数。

终值－现值＝利息

三、年金概述

（1）指一定时期内每期等额系列的收付款项，通常用“A”表示。意味着年金是指金额出现的次数是两次以上。如某人每年年末向银行存5万元，存6年，即金额5万元出现了几次——6次。

（2）年金的特点：期限要连续，如连续存5年；每期金额要相等；至少有两期；每期的间隔时间要相等，如每年，每季度，每月。

（3）年金的种类按每次收付发生的时点和收付次数不同可分为普通年金、即付年金、递延年金和永续年金。普通年金也称为后付年金，因为出现在期末。

四、普通年金终值与普通年金现值

1. 普通年金终值

指一定时期内每期期末等额收付的系列款项的复利终值之和。

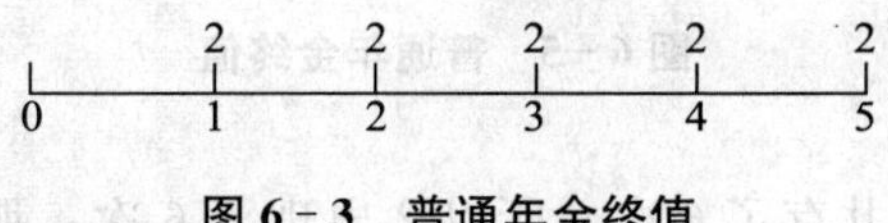

图6-3　普通年金终值

数轴图6-3的上方表示每年的年末收到或支付2万元，共有5个2；下方表示时间，0表示第一年年初，1表示第一年年末，2表示第二年年末，3表示第三年年末，4表示第4年年末，5表示第5年年末。

根据定义求普通年金终值，其实就是把每个2求复利终值。

$F=A\cdot(F/A,i,n)=2\times(F/A,10\%,5)$

特征：出现A，说明是年金，又有F，说明系数是年金终值，可以查年金终值系数表快速取数，比定义公式快很多，需重点掌握。

2. 普通年金现值

指一定时期内每期期末等额收付的系列款项的复利现值之和。

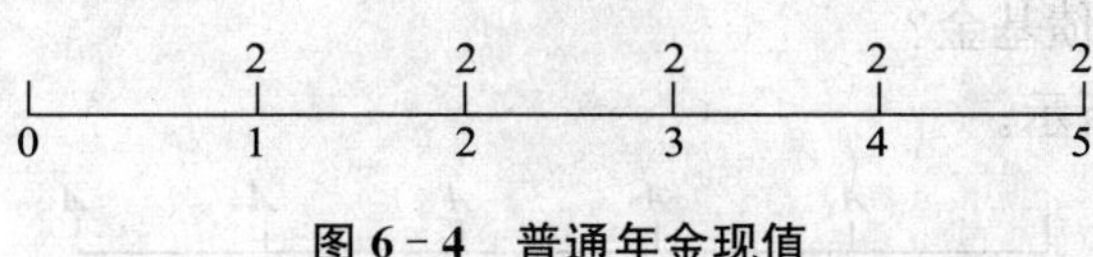

图6-4　普通年金现值

数轴图6-4的上方表示每年的年末收到或支付2万元，共有5个2；下方表示时间，0表示第一年年初，1表示第一年年末，2表示第二年年末，3表示第三年年末，4表示第4年年末，5表示第5年年末。

根据定义求普通年金现值，其实就是把每个2求复利现值。

$P=A\cdot(P/A, i, n)=2\times(P/A, 10\%, 5)$特征：出现$A$，说明是年金，又有$P$，说明系数是年金现值，可以查年金现值系数表快速取数，比定义公式快很多，需重点掌握。

【任务6-1】某人出国3年，请你代付房租，每年租金100元，假设银行存款利率为10%，他应当现在给你在银行存入多少钱？

$P=A\cdot(P/A, i, n)=100\times(P/A, 10\%, 3)$

查表：$(P/A, 10\%, 3)=2.4869$

$P=100\times2.4869=248.69$（元）

求年金时也要注意次数和利率的对应关系。

某人每半年末向银行存入2万元，存3年，年利率10%，问3年后本利和多少？

关键字给出的信息是已知年金，求终值。时间轴如图6-5所示。

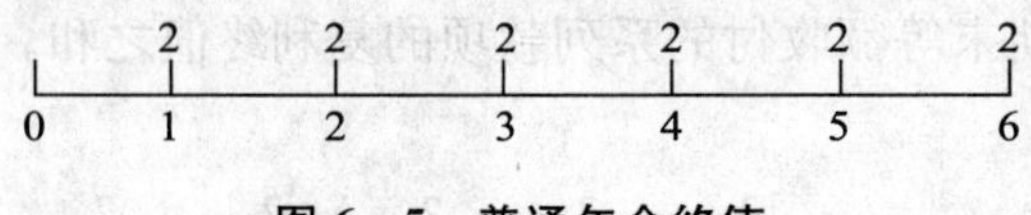

图6-5 普通年金终值

每半年存一次，3年一共存了6次，所以2出现了6次，那系数表中的利率也相应地变成了半年利率5%

$F=2\times(F/A, 5\%, 6)$

3. 偿债基金

指为了在约定的未来某一时点清偿某笔债务或积聚一定数额的资金而必须分次等额形成的存款准备金。其实就是已知终值，求年金A。而我们前面学到的终值公式是：

$$F=A\cdot(F/A, i, n)$$

现在F，i，n都知道，那$A=\dfrac{F}{(F/A, i, n)}$

上式中的$\dfrac{1}{(F/A, i, n)}$就是偿债基金系数，也就是普通年金终值系数的倒数。

举例：某人想在5年后偿还一笔40万元的债务，年利率10%，问他需要每年年末向银行存入多少钱作为偿债基金？

时间轴如图6-6所示。

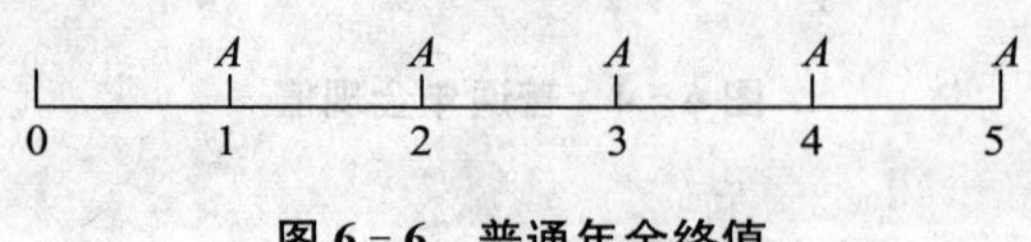

图6-6 普通年金终值

$$F=A\cdot(F/A, i, n)$$

$40=A\cdot(F/A, 10\%, 5)$，查出年金终值系数，求出A即可。

4. 年资本回收额

指在约定的年限内等额回收初始投入资本或清偿所欠债务的年回收额。其实就是已知现值，求年金 A。而我们前面学到的现值公式是：

$$P=A\cdot(P/A,\ i,\ n)$$

现在 P，i，n 都知道，那 $A=\dfrac{P}{(P/A,\ i,\ n)}$

上式中的$\dfrac{1}{(P/A,\ i,\ n)}$就是年资本回收系数，也就是普通年金现值系数的倒数。

举例：某人年初一次性投资资本 100 万元，年利率 10%，期限 5 年，问他需要每年年末收回多少钱才能保本？

时间轴如图 6－7 所示。

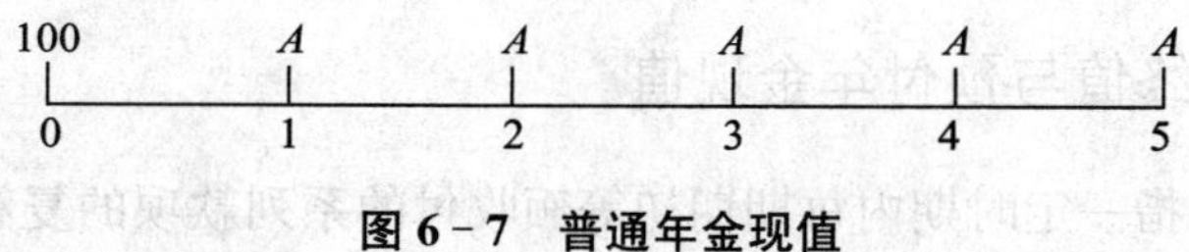

图 6－7　普通年金现值

$$P=A\cdot(P/A,\ i,\ n)$$

$100=A\cdot(P/A,\ 10\%,\ 5)$，查出年金现值系数，求出 A 即可。

结论：互为倒数关系的四组系数如下。

①单利终值系数与单利现值系数；

②复利终值系数与复利现值系数；

③偿债基金系数与年金终值系数；

④资本回收系数与年金现值系数。

【任务 6－2】昊霖家打算购置一辆轿车，购置成本 25 万元，预计轿车的使用寿命为 10 年，不考虑残值。若轿车的年运行成本为 2 万元，$i=5\%$，而该家庭乘坐公共交通出行的年交通费用为 4.8 万元。请你从经济角度帮助做出是否购置轿车的决策。

$25=A\cdot(P/A,\ 5\%,\ 10)$

$A=\dfrac{25}{7.7217}=3.238$（万元）

轿车年运行总成本＝3.238＋2＝5.238 万元，大于该家庭乘坐公共交通出行的年交通费用 4.8 万元，所以不应购置。时间轴如图 6－8 所示。

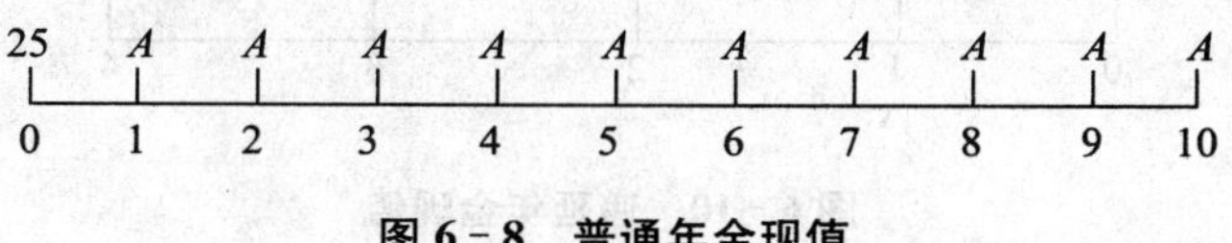

图 6－8　普通年金现值

【任务 6-3】某人今年 22 岁，打算 30 岁购置一套价值 200 万元的住房，目前他有现金 50 万元，若 $i=8\%$，试计算他在今后 8 年中每年年末应存多少钱？

$50\times(F/P，8\%，8)+A\cdot(F/A，8\%，8)=200$

$A\cdot(F/A，8\%，8)=200-50\times1.8509=200-92.545=107.455$

$A=107.455/(F/A，8\%，8)=107.455/10.637=10.102$（万元）

时间轴图如图 6-9 所示。

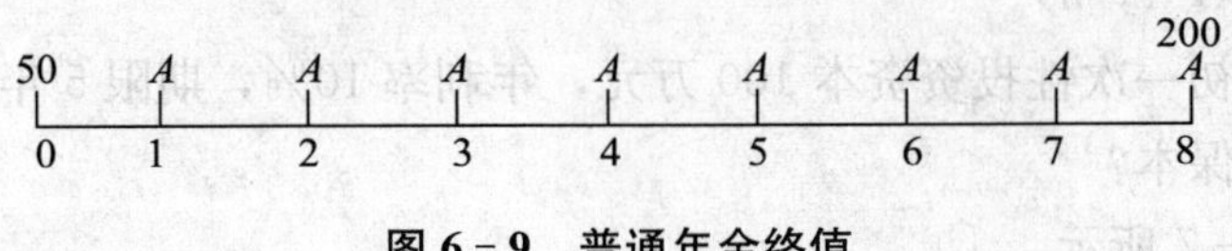

图 6-9　普通年金终值

五、预付年金终值与预付年金现值

预付年金终值：指一定时期内每期期初等额收付的系列款项的复利终值之和。

$$F=A\cdot(F/A，i，n)\cdot(1+i)$$

预付年金现值：指一定时期内每期期初等额收付的系列款项的复利现值之和。

$$P=A\cdot(P/A，i，n)\cdot(1+i)$$

六、递延年金与永续年金的现值

1. 递延年金

递延年金指第一次等额收付款项发生的时点在第二期或第二期以后的年金。

递延年金终值与递延期无关，计算方法与普通年金终值的计算方法相同。（有终值，有现值，通常只会让我们计算现值）

计算递延年金的现值的方法如下。

①递延年金的现值$=A\cdot(P/A，i，n)\cdot(P/F，i，m)$

如图 6-10 所示，在时间轴上 1～4 其实是一个普通年金，因为 5 万元出现的次数是 3 次，我们可以先求普通年金在第 1 年年末的现值 U，然后再求 0 时点的现值。刚才三个 5 万元已经折现到 1 时点求出现值 U，再把 U 折到 0 时点就可以了，这时 U 出现的次数是 1 次，所以是复利现值。

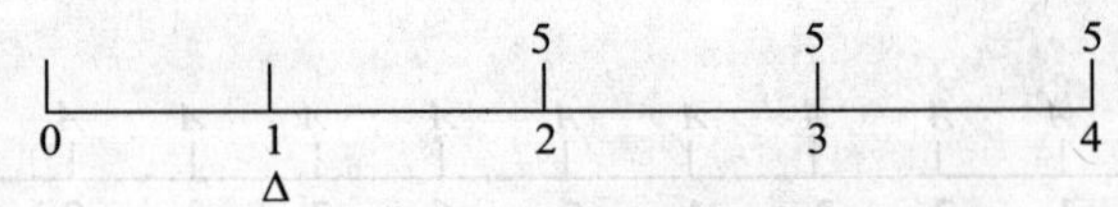

图 6-10　递延年金现值

现值$=5\times(P/A，10\%，3)\times(P/F，10\%，1)$

②递延年金的现值＝$A\cdot$［（P/A，i，$m+n$）－（P/A，i，m）］

此方法不常用，作为备考选择题。该方法是在 1 时点和 2 时点补一个 5 万元，如图 6－11所示，这样我们来看这个时间轴就是一个标准的普通年金求现值了，而我们要求计算的只有两个 5 万元，所以还得把补上的 5 万元减去。

完整的现值＝5×（P/A，10%，4）

补上的现值＝5×（P/A，10%，2）

现值＝ 5×（P/A，10%，4）－5×（P/A，10%，2）

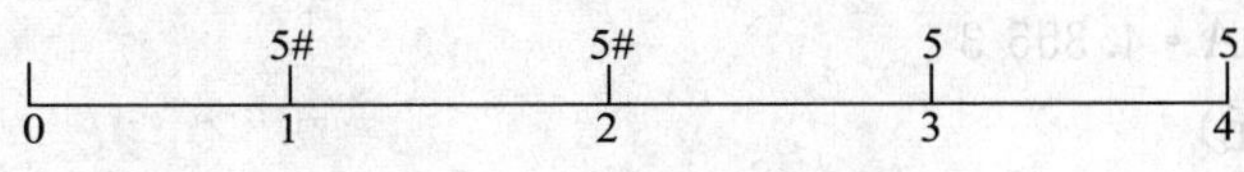

图 6－11　递延年金现值

③递延年金的现值＝$A\cdot$（F/A，i，n）$\cdot$（P/F，i，$m+n$）

该方法是把时间轴上的三个 5 万元先求 4 时点的终值U，是年金终值，然后再把U求 0 时点的现值，是复利现值。

时间轴图 6－12 中 4 时点的终值U＝ 5×（F/A，10%，3）；0 时点的现值 $P=U\cdot$（P/F，10%，4）

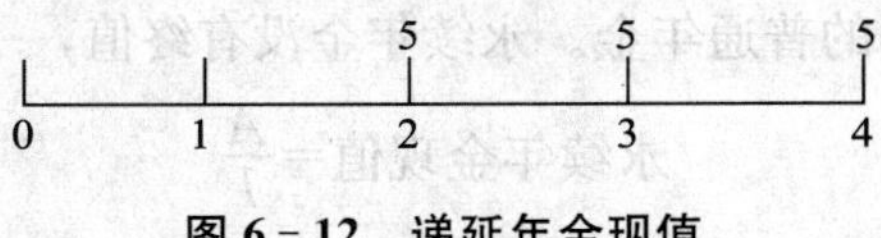

图 6－12　递延年金现值

【任务 6－4】有一项年金，前 3 年无现金流入，后 5 年每年年初等额流入现金 500 万元，假设年利率为 10%，其现值为多少万元?

P=500×（P/A，10%，5）×（P/F，10%，2）＝500×3.791×0.826=1 565.68（万元）

时间轴图 6－13 如下。

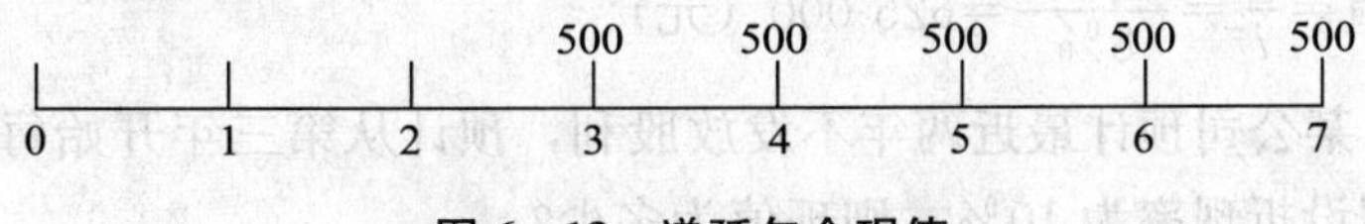

图 6－13　递延年金现值

【任务 6－5】某人年初存入银行一笔现金，从第四年起，每年年初取出 1 000 元，至第六年年末全部取完，银行存款利率为 10%。则最初一次存入银行的款项应为多少元?

最初时一次存入银行的款项＝1 000×（P/A，10%，4）×（P/F，10%，2）＝1 000×3.170×0.826 ＝2 618.42（元）

时间轴图 6－14 如下。

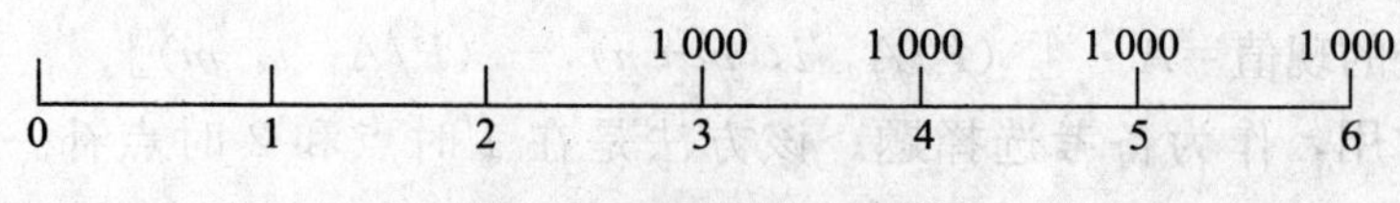

图 6-14　递延年金现值

【任务 6-6】某企业 1998 年年初从银行借款 200 万元，期限为 10 年，从 2003 年年初开始每年等额还本付息，到期满时应正好还本付息完毕，贴现率为 10%，则每年还款金额为多少元？

200×（F/P，10%，4）$=A\cdot$（P/A，10%，6）

200×1.464 1$=A\cdot$4.355 3

$A=$67.23（万元）

即每年应等额还款 67.23 万元。

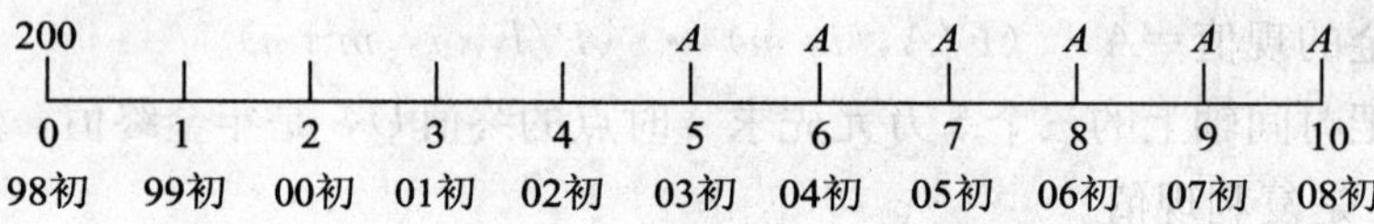

图 6-15　递延年金现值

2. 永续年金

永续年金指没有终结期的普通年金。永续年金没有终值，一般只求现值。

$$永续年金现值=\frac{A}{I}$$

如某人想成立一项奖学金，每年奖给高考文理状元各 1 万元，在年利率 5%的情况下，需要一次性拿出多少钱？

现值$=\frac{2}{5\%}=40$（万元）

【任务 6-7】某项永久性奖学金，每年计划颁发 50 000 元奖金。若年复利率为 8%，该奖学金的本金应为多少？

永续年金现值$=\frac{A}{i}=\frac{50\ 000}{8\%}=625\ 000$（元）

【任务 6-8】某公司预计最近两年不发放股利，预计从第三年开始每年年末支付每股 0.5 元的股利，假设折现率为 10%，则现值为多少？

$P=\frac{0.5}{10\%}\times$（$\frac{P}{F}$，10%，2）$=4.132$（元）

子情境 2　投资的风险价值

一、资产的收益与收益率

（一）资产收益的含义与计算

资产的收益是指资产的价值在一定时期的增值。表达方式如下。

1. 收益额＝利息、红利或股息收益＋资本利得

2. 资产的收益率或报酬率＝利息（股息）收益率＋资本利得的收益率

$$单项资产的收益率=\frac{资产价值（价格）的增值}{期初资产价值（价格）}$$

$$=\frac{利息（股息）收益+资本利得}{期初资产价值（价格）}$$

$$=利息（股息）收益率+资本利得收益率$$

如果不作特殊说明的话，资产的收益指的就是资产的年收益率，又称资产的报酬率。

【任务 6－9】某股票一年前的价格为 10 元，一年中的税后股息为 0.25 元，现在的市价为 12 元。那么，在不考虑交易费用的情况下，一年内该股票的收益率是多少？

一年中资产的收益为：0.25＋（12－10）＝2.25（元）

其中，股息收益为 0.25 元，资本利得为 2 元。

$$股票的收益率=\frac{0.25+12-10}{10}\times100\%=2.5\%+20\%=22.5\%$$

其中股利收益率为 2.5%，资本利得收益率为 20%。

（二）资产收益率的类型

1. 实际收益率

实际收益率表示已经实现或者确定可以实现的资产收益率，当然，当存在通货膨胀时，还应当扣除通货膨胀率的影响，才是真实的收益率。

2. 预期收益率

预期收益率也称为期望收益率，是指在不确定的条件下，预测的某资产未来可能实现的收益率。

首先描述影响收益率的各种可能情况，然后预测各种可能发生的概率，以及在各种可能情况下收益率的大小，那么预期收益率就是各种情况下收益率的加权平均，权数是各种可能情况发生的概率。预期收益率公式如下：

$$E(R)=\sum P_i\times R_i$$

式中，$E(R)$ 为预期收益率；P_i 表示情况 i 可能出现的概率；R_i 表示情况 i 出现时的收益率。

【任务 6－10】半年前以 5 000 元购买某股票，一直持有至今尚未卖出，持有期曾获红利 50 元。预计未来半年内不会再发放红利，且未来半年后市值达到 5 900 元的可能性为

50%，市价达到6 000元的可能性也是50%。那么预期收益率是多少？

预期收益率=［50%×（5 900 −5 000）+50%×（6 000 −5 000）］÷5 000 =19%

3. 必要收益率

必要收益率也称最低必要报酬率或最低要求的收益率，表示投资者对某资产合理要求的最低收益率。必要收益率由两部分构成：

（1）无风险收益率。无风险收益率也称无风险利率，它是指无风险资产的收益率，它的大小由纯粹利率（资金的时间价值）和通货膨胀补贴两部分组成。

无风险资产一般满足两个条件：一是不存在违约风险；二是不存在再投资收益率的不确定性。一般情况下，为了方便起见，通常用短期国债的利率近似地代替无风险收益率。

（2）风险收益率。风险收益率是指某资产持有者因承担该资产的风险而要求的超过无风险利率的额外收益。风险收益率衡量了投资者将资金从无风险资产转移到风险资产而要求得到的“额外补偿”。它的大小取决于以下两个因素：一是风险的大小；二是投资者对风险的偏好。

二、资产的风险及其衡量

1. 风险的含义

最简单定义：风险是发生财务损失的可能性。

更正式定义：风险是预期结果的不确定性（有好有坏）。

2. 风险的类型

企业面临的风险主要两种：市场风险和企业特有风险。

（1）市场风险是指影响所有企业的风险。它由企业的外部因素引起，企业无法控制、无法分散，涉及所有的投资对象，又称系统风险或不可分散风险，如战争、自然灾害、利率的变化、经济周期的变化等。市场风险下买哪个股票都受影响，不能被多样化投资分散。

（2）企业特有风险是指个别企业的特有事件造成的风险。是指发生于个别企业的特有事件造成的风险。也称“可分散风险”。如某个企业的员工闹罢工，只会影响这家企业，可以通过投资组合来分散风险。

市场风险也称为系统性风险，企业特有风险也称为非系统性风险。非系统风险根据风险形成的原因不同，又可分为经营风险和财务风险。

①经营风险是指由于企业经营不善，给公司带来的收益的不确定性。

②财务风险是指由于企业举债而给财务成果带来的不确定性，又称筹资风险。

3. 风险和报酬

（1）风险和报酬之间关系：高风险的项目必然有高报酬，低风险的项目必然低报酬（如图6-16所示）。

（2）风险报酬是指投资者冒着风险进行投资而获得的超过货币时间价值的那部分额外收益，也称风险价值。在实务中一般以风险报酬率来表示。

（3）无风险报酬率就是资金的时间价值，可用政府债券利率或存款利率表示。

（4）投资报酬率＝无风险报酬率＋风险报酬率

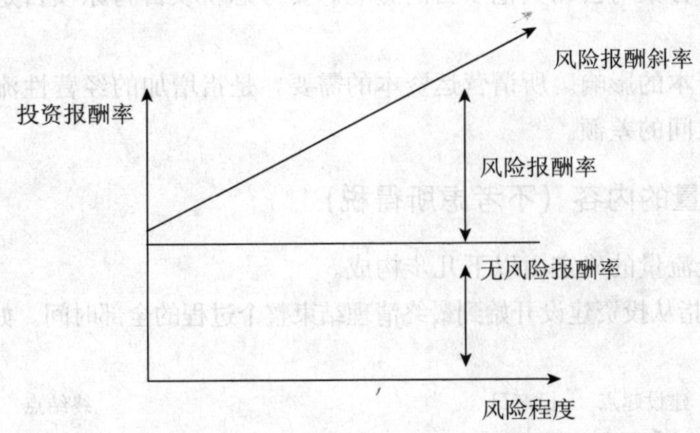

图 6－16　投资报酬率与风险程度关系图示

子情境 3　现金流量

一、现金流量的概念

1. 含义

所谓现金流量，在投资决策中是指一个项目引起的企业现金支出和现金收入增加的数量。

【提示】这里的“现金”不仅包括各种货币资金，而且还包括项目需要投入的企业现有的非货币资源的变现价值。例如，一个项目需要使用原有的厂房、设备和材料等，则相关的现金流量是指它们的变现价值，而不是其账面价值。

新建项目的现金流量包括现金流出量、现金流入量和现金净流量三个具体概念。

2. 现金流量估算的基本原则

在确定投资项目相关的现金流量时，应遵循的最基本的原则是：只有增量现金流量才是与项目相关的现金流量。

所谓增量现金流量，是指接受或拒绝某一个投资项目后，企业总现金流量因此发生的变动。只有那些由于采纳某个项目引起的现金支出增加额，才是该项目的现金流出；只有那些由于采纳某个项目引起的现金流入增加额，才是该项目的现金流入。

注意以下四个问题：

（1）相关成本和非相关成本的区别。相关成本是与特定决策有关的、在分析评价时必须加以考虑的成本。非相关成本是与特定决策无关的、在分析评价时不必加以考虑的成本。

（2）不要忽视机会成本。在投资方案的选择中，如果选择了一个投资方案，则必须放弃投资于其他途径的机会，其他投资机会可能取得的收益是实行本方案的一种代价，被称为这项投资方案的机会成本。

（3）考虑投资方案对公司其他项目的影响。要考虑新项目与原项目是竞争关系还是互补关系。

（4）对营运资本的影响。所谓营运资本的需要，是指增加的经营性流动资产与增加的经营性流动负债之间的差额。

二、现金流量的内容（不考虑所得税）

新建项目现金流量的确定由以下几步构成。

项目计算期是指从投资建设开始到最终清理结束整个过程的全部时间。如图 6 - 17 所示。

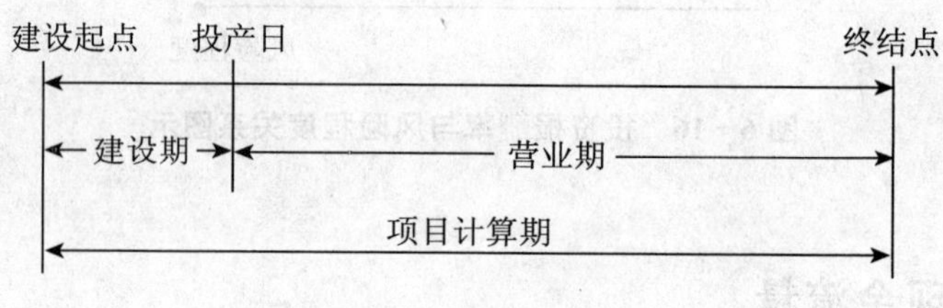

图 6 - 17　项目计算期图示

（1）建设期现金流量的估算（初始现金流）如下。

$$\text{建设期现金流量}=\text{原始投资额}\begin{cases}\text{长期资产投资}\\\text{垫支营运资本}\end{cases}$$

【注意】垫支营运资本，指增加的经营性流动资产与增加的经营性流动负债之间的差额。即：某年营运资本投资额＝本年营运资本－上年营运资本

【提示】

①如果涉及项目利用企业现有的“非货币性资源”，则需要考虑非货币性资源的机会成本；如果非货币性资源的用途是唯一的，则不需做以上考虑。

②相关培训费问题（付现成本）。

③前期咨询费问题（非相关）。

④营运资本投资问题：一是直接给出；二是分项给出；三是闲置存货利用。

⑤运营期生产线拆旧建新（差量分析）。

⑥更新改造作单一方案（差量分析）。

（2）营业现金流量估算如下。

$$\text{营业现金流量}\begin{cases}=\text{净利润}+\text{非付现成本（折旧）}\\=\text{（营业收入}-\text{付现成本}-\text{折旧）}\times(1-T)+\text{非付现成本（折旧）}\end{cases}$$

【提示】折旧计提必须按照税法规定进行。尤其注意折旧年限与实际使用年限不一致的情况。

①本项目对其他项目的影响（对现金流量的影响、对收入的影响、对净利润的影响

等)，如果本项目无论是否上马，影响都会产生，则不需考虑（非相关）。

②营运资本投资或收回问题。

③运营期的资本化支出和费用化支出问题。

（3）终结现金流量估算如下。

终结现金流量{回收长期资产余值（或变价收入）
回收垫支的营运资本

【提示 1】时点化假设

①以第一笔现金流出的时间为“现在”时间即“零”时点。不管它的日历时间是几月几日。在此基础上，一年为一个计息期。

②对于原始投资，如果没有特殊指明，均假设现金在每个“计息期初”支付；如果特别指明支付日期，如 3 个月后支付 100 万元，则要考虑在此期间的时间价值。

③对于营业现金流量，尽管其流入和流出都是陆续发生的，如果没有特殊指明，均假设营业现金净流入在“计息期末”取得。

【提示 2】垫支营运资本的估算

垫支营运资本，指增加的经营性流动资产与增加的经营性流动负债之间的差额，即增加的经营营运资本。

子情境 4　资本成本

一、资本成本的含义

一般说来，资本成本是指投资资本的机会成本。资本成本也称为最低期望报酬率、投资项目的取舍率、最低可接受的报酬率。

二、资本成本的概念

资本由筹资和投资两方面构成。

从筹资角度看：资本成本与公司的筹资活动有关，它是公司筹集和使用资金的成本，即筹资的成本；从投资角度看：资本成本与公司的投资活动有关，它是投资所要求的必要报酬率。这两方面既有联系，也有区别。为了加以区分，我们称前者为公司的资本成本，后者为投资项目的资本成本。

学习情境三　如何进行长期投资决策

长期投资决策的方法很多，应根据决策对象的具体情况选用，可以分为两大类：折现法和非折现法。前者是考虑了货币时间价值，为项目评价的基本方法。后者没有考虑货币时间价值，为项目评价的辅助方法。

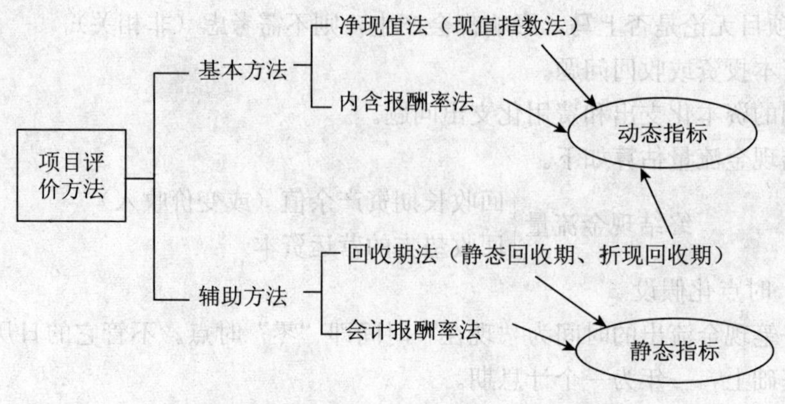

图 6－18　项目评价方法

一、净现值法（Net Present Value）

1. 含义

净现值是指特定项目未来现金流入的现值与未来现金流出的现值之间的差额。

2. 计算

$$净现值 = \sum 未来现金流入的现值 - \sum 未来现金流出的现值$$

折现率的确定：资本成本。

【任务 6－11】设企业的资本成本为 10％，有三个投资项目。数据如表 6－1 所示：

表 6－1　投资项目数据表　单位：万元

年份	A项目			B项目			C项目		
	净收益	折旧	现金流量	净收益	折旧	现金流量	净收益	折旧	现金流量
0			(20 000)			(9 000)			(12 000)
1	1 800	10 000	11 800	(1 800)	3 000	1 200	600	4 000	4 600
2	3 240	10 000	13 240	3 000	3 000	6 000	600	4 000	4 600
3				3 000	3 000	6 000	600	4 000	4 600
合计	5 040		5 040	4 200		4 200	1 800		1 800

注：表内使用括号的数字为负数（下同）。

三个项目的净现值如下：

净现值（A）＝（11 800×0.909 1＋13 240×0.826 4）－20 000 ＝21 669－20 000＝1 669（万元）

净现值（B）＝（1 200×0.909 1＋6 000×0.826 4＋6 000×0.751 3）－9 000＝10 557－9 000＝1 557（万元）

净现值（C）$=4\,600\times 2.487-12\,000=11\,440-12\,000=-560$（万元）

3. 决策原则

当净现值大于0，投资项目可行。

4. 优缺点

优点：具有广泛的适用性，在理论上也比其他方法更完善；缺点：净现值是个金额的绝对值，在比较投资额不同的项目时有一定的局限性。

二、现值指数法（Profitability Index）

1. 含义

现值指数是未来现金流入现值与未来现金流出现值的比率。

2. 公式

$$现值指数=\frac{\sum 未来现金流入的现值}{\sum 未来现金流出的现值}$$

【任务6-12】设企业的资本成本为10%，有三个投资项目。数据同任务6-11。

三个项目的现值指数如下：

$$现值指数（A）=\frac{11\,800\times 0.909\,1+13\,240\times 0.826\,4}{20\,000}=\frac{21\,669}{20\,000}=1.08$$

$$现值指数（B）=\frac{1\,200\times 0.9091+6\,000\times 0.826\,4+6\,000\times 0.751\,3}{9\,000}=\frac{10\,557}{9\,000}=1.17$$

$$现值指数（C）=\frac{4\,600\times 2.487}{12\,000}=\frac{11\,440}{12\,000}=0.95$$

3. 与净现值的比较

现值指数是一个相对数指标，反映投资的效率；而净现值指标是绝对数指标，反映投资的效益。

4. 决策原则

当现值指数大于1，投资项目可行。

三、内含报酬率法（Internal Rate of Return）

1. 含义

内含报酬率是指能够使未来现金流入量现值等于未来现金流出量现值的折现率，或者说是使投资项目净现值为零的折现率。

2. 计算

（1）当各年现金流入量均衡时：利用年金现值系数表，然后通过内插法求出内含报酬率。

【任务6-13】假设企业的资本成本为10%，有三项投资项目，数据同任务6-11。

项目C的内含报酬率为：

4 600×（P/A，i，3）＝12 000

i＝7.32％

（2）一般情况下：用逐步测试法计算

计算步骤：首先通过逐步测试找到使净现值一个大于0，一个小于0的，并且最接近的两个折现率，然后通过内插法求出内含报酬率。

表6－2　　A项目内含报酬率的测试　　单位：万元

年　份	现金净流量	折现率＝18％		折现率＝16％	
		折现系数	现值	折现系数	现值
0	（20 000）	1	（20 000）	1	（20 000）
1	11 800	0.847	9 995	0.862	10 172
2	13 240	0.718	9 506	0.743	9 837
净现值			（499）		9

$$\frac{i-16\%}{18\%-16\%}=\frac{0-9}{-499-9}$$

3. 决策原则

当内含报酬率高于资本成本时，投资项目可行。

4. 基本指标间的比较

（1）相同点如下。

第一，考虑了资金时间价值；

第二，考虑了项目期限内全部的增量现金流量；

第三，受建设期的长短、回收额的有无以及现金流量的大小的影响；

第四，在评价单一方案可行与否的时候，结论一致。

当净现值＞0时，现值指数＞1，内含报酬率＞资本成本率；

当净现值＝0时，现值指数＝1，内含报酬率＝资本成本率；

当净现值＜0时，现值指数＜1，内含报酬率＜资本成本率。

对A、B、C项目指标间的比较如表6－3所示。

表6－3　　A、B、C项目指标一览表

项　目	A项目	B项目	C项目
净现值	1 669	1 557	－560
现值指数	1.08	1.17	0.95
内含报酬率	16.04％	17.88％	7.32％

（2）区别点如表 6－4 所示。

表 6－4　　指标含义一览表

指　标	净现值	现值指数	内含报酬率
指标性质	绝对指标	相对指标	相对指标
指标反映的收益特性	反映投资的效益	反映投资的效率	反映投资的效率
是否受设定折现率的影响	是（折现率的高低将会影响方案的优先次序）		否
是否反映项目投资方案本身报酬率	否		是

四、回收期法（Payback Period）

（一）回收期（静态回收期、折现回收期）

1. 含义

回收期是指投资引起的现金流入累计到与投资额相等所需要的时间。

2. 回收期的计算方法

（1）在原始投资一次支出，每年现金流入量相等时：

$$投资回收期=\frac{原始投资额}{每年现金净流入量}$$

【任务 6－14】计算 C 方案的回收期。

$$回收期(C)=\frac{12\ 000}{4\ 600}=2.61(年)$$

（2）如果现金流入量每年不等，或原始投资是分几年投入：

设 M 是收回原始投资的前一年。

$$投资回收期=M+\frac{第\ M\ 年的尚未回收额}{第\ M+1\ 年的现金净流量}$$

【任务 6－15】计算 B 方案的回收期。

表 6－5　　已知条件一览表

时点	0	1	2	3
净现金流量	−9 000	1 200	6 000	6 000
累计净现金流量	−9 000	−7 800	−1 800	4 200

$$投资回收期=2+\frac{1\ 800}{6\ 000}=2.3\ (年)$$

3. 指标的优缺点

优点：回收期法计算简便，并且容易为决策人所理解，可以大体上衡量项目的流动性和风险。

缺点：不仅忽视了资金时间价值，而且没有考虑回收期以后的收益。

【提示】主要用来测定方案的流动性而非盈利性。

（二）折现回收期（动态回收期）

1. 含义

折现回收期是指在考虑资金时间价值的情况下以项目现金流入量抵偿全部投资所需要的时间。

2. 计算

$$投资回收期 = M + \frac{第M年的尚未回收额的现值}{第M+1年的现金净流量的现值}$$

【任务 6－16】计算 A 项目的折现回收期。

表 6－6　　已知条件一览表　　单位：万元

A 项目	现金流量	折现系数（10%）	净现金流现值	累计净现金流现值
原始投资	（20 000）	0	（20 000）	（20 000）
第 1 年流入	11 800	0.909 1	10 727	（9 273）
第 2 年流入	13 240	0.826 4	10 942	1 669
折现回收期＝1＋（9 273÷10 942）＝1.85（年）				

五、会计报酬率

1. 特点

计算时使用会计报表上的数据，以及普通会计的收益和成本概念。

2. 计算

$$会计报酬率 = \frac{年平均净收益}{原始投资额} \times 100\%$$

3. 优缺点

优点：它是一种衡量盈利性的简单方法，使用的概念易于理解；使用财务报告的数据，容易取得；考虑了整个项目寿命期的全部利润。缺点：使用账面收益而非现金流量，忽视了折旧对现金流量的影响；忽视了净收益的时间分布对于项目经济价值的影响。

【任务 6－17】某企业拟进行一项固定资产投资，投资额为 2 000 万元，分两年投入，该项目的现金流量表（部分）如表 6－7 所示：

表 6－7　　　　现金流量表（部分）　　　　单位：万元

项目 \ t	建设期 0	建设期 1	经营期 2	经营期 3	经营期 4	经营期 5	经营期 6	合计
净收益			－300	600	1 400	600	600	2 900
净现金流量	－1 000	－1 000	100	1 000	（B）	1 000	1 000	2 900
累计净现金流量	－1 000	－2 000	－1 900	（A）	900	1 900	2 900	—
折现净现金流量（资本成本率 6%）	－1 000	－943.4	89	839.6	1 425.8	747.3	705	1 863.3

要求：

（1）在答题纸上计算表 6－7 中用英文字母表示的项目的数值。

（2）计算或确定下列指标：①静态回收期；②会计报酬率；③动态回收期；④净现值；⑤现值指数；⑥内含报酬率。

（1）计算表中用英文字母表示的项目：

（A）＝－1 900＋1 000＝－900

（B）＝900－（－900）＝1 800

（2）计算或确定下列指标：

①静态回收期：

$$静态回收期=3+\frac{|-900|}{1\ 800}=3.5（年）$$

$$②会计报酬率=\frac{2\ 900/5}{2\ 000}=29\%$$

③动态回收期：

表 6－8　　　　已知条件一览表　　　　单位：万元

项目 \ t	建设期 0	建设期 1	经营期 2	经营期 3	经营期 4	经营期 5	经营期 6	合计
折现净现金流量（资本成本率 6%）	－1 000	－943.4	89	839.6	1 425.8	747.3	705	1 863.3
累计折现净现金流量	－1 000	－1 943.4	－1 854.4	－1 014.8	411	1 158.3	1 863.3	—

根据表 6－8 资料计算：

$$动态回收期=3+\frac{1\ 014.8}{1\ 425.8}=3.71（年）$$

④净现值为 1 863.3 万元

$$⑤现值指数=\frac{89+839.6+1\ 425.8+747.3+705}{1\ 943.4}\approx 1.96$$

⑥内含报酬率：

假设利率28%。

表6-9　内含报酬率计算表

年限	0	1	2	3	4	5	6	合计
净现金流量	−1 000	−1 000	100	1 000	1 800	1 000	1 000	2 900
折现系数（28%）	1	0.781 3	0.610 4	0.476 8	0.372 5	0.291	0.227 4	
折现净现金流量	−1 000	−781.3	61.04	476.8	670.5	291	227.4	−54.56

假设利率26%。

表6-10　内含报酬率计算表

年限	0	1	2	3	4	5	6	合计
净现金流量	−1 000	−1 000	100	1 000	1 800	1 000	1 000	2 900
折现系数（26%）	1	0.793 7	0.629 9	0.499 9	0.396 8	0.314 9	0.249 9	
折现净现金流量	−1000	−793.7	62.99	499.9	714.24	314.9	249.9	48.23

$$\frac{i-26\%}{28\%-26\%}=\frac{0-48.23}{-54.56-48.23}$$

$i=26.94\%$

通过图6-19，帮助记忆上述评价方法。

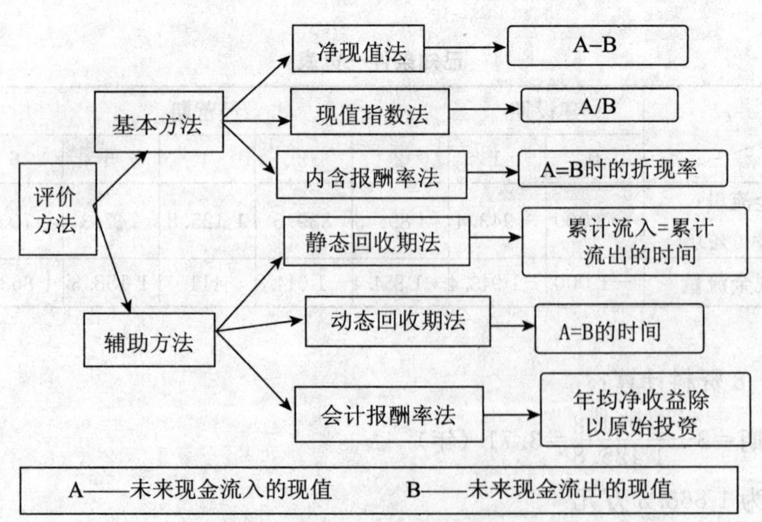

图6-19　评价方法小结

【提示】6个评价指标中，只有会计报酬率无法直接利用现金净流量信息计算。而其他评价指标都可以直接利用现金净流量信息计算。

学习情境四　长期投资决策应用举例

子情境1　不考虑所得税时固定资产更新决策

一、更新决策现金流量的特点

更新决策的现金流量主要是现金流出。即使有少量的残值变价收入，也属于支出抵减，而非实质上的现金流入增加。

二、确定相关现金流量应注意的问题

1. 旧设备的初始投资额应以其变现价值考虑
2. 设备的使用年限应按尚可使用年限考虑

如果继续使用旧设备，可如图6-20所示。

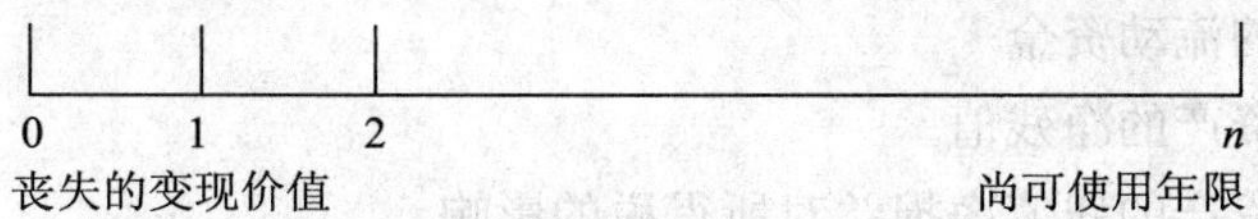

图6-20　旧设备年限

【任务6-18】某企业有一旧设备，工程技术人员提出更新要求，新旧设备资料对比如表6-11所示，现金流量如图6-21所示。

表6-11　设备资料表　单位：万元

项　目	旧设备	新设备
原值	2 200	2 400
预计使用年限	10	10
已经使用年限	4	0
最终残值	200	300
变现价值	600	2 400
年运行成本	700	400

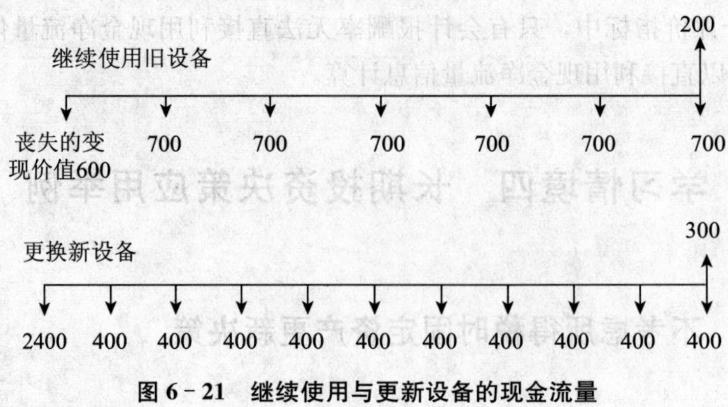

图 6-21 继续使用与更新设备的现金流量

子情境 2 考虑所得税后的固定资产更新决策

1. 建设期净现金流

(1) 长期资产投资（包括固定资产、无形资产等）

(2) 垫支的流动资金

(3) 原有资产变现净损益对所得税的影响

营业现金毛流量＝营业收入－付现成本－所得税＝净利润＋折旧

2. 终结点净现金流量

(1) 回收垫支的流动资金

(2) 回收固定资产的净残值

(3) 回收固定资产的残值净损益对所得税的影响

注意折旧的计算：按税法规定的年限，残值计算，超长使用时间不计提折旧，提前报废也不再提折旧。

【任务 6-19】北京思博服装公司有 1 台设备，购于 3 年前，现在考虑是否需要更新。该公司所得税税率为 25%，其他有关资料如表 6-12 所示。

表 6-12 资料表

项目	旧设备	新设备
原价	60 000	50 000
税法规定残值（10%）	6 000	5 000
税法规定使用年限（年）	6	4
已用年限	3	0
尚可使用年限	4	4
每年操作成本	8 600	5 000

续　表

项　目	旧设备	新设备
两年末大修支出	28 000	
最终报废残值	7 000	10 000
目前变现价值	10 000	
每年折旧额	（直线法）	（年数总和法）
第一年	9 000	18 000
第二年	9 000	13 500
第三年	9 000	9 000
第四年	0	4500

（1）继续使用旧设备时的现金流量如图 6－22 所示。

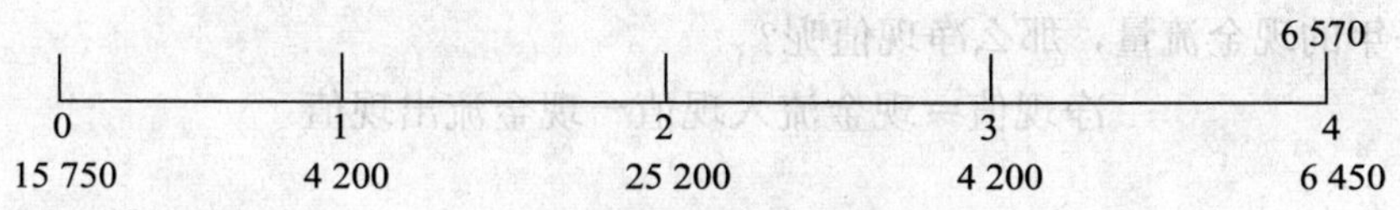

图 6－22　旧设备现金流量图示

①继续使用旧设备初始现金流量分析

旧设备年折旧$=\frac{60\ 000\times（1-10\%）}{6}=9\ 000$

已使用 3 年，剩余价值＝60 000－3×9 000＝33 000

而目前变现价值＝10 000，说明亏了 23 000，少交所得税 5 600（23 000×25％），属于现金流入

如果出售设备流量＝10 000＋23 000×25％

继续使用旧设备丧失变现流量＝－［10 000＋23 000×25％］＝－15 750（对旧设备而言是机会成本）

为了更好地理解，会计处理如下：

借：固定资产清理　　33 000

　　累计折旧　　27 000

　贷：固定资产　　60 000

借：银行存款　　10 000

　贷：固定资产清理　　10 000

借：营业外支出　　23 000

　贷：固定资产清理　　23 000

营业外支出增加——利润减少——所得税减少。

原理：继续使用旧设备初始现金流分析

初始现金流＝丧失的固定资产变现流量

＝－［变现价值＋变现净损失抵税（或－变现净收入纳税）］

变现净损失（或净收入）是指变现值与账面净值对比

②继续使用旧设备营业现金流量的分析

营业现金流量＝净利润＋折旧（本题没有收入，假设为0）

＝（收入－付现成本－折旧）×（1－25%）＋折旧

第一年营业现金流＝（0－8 600－9 000）×75%＋9 000＝－4 200

第二年营业现金流＝（0－8 600－28 000－9 000）×75%＋9 000＝－25 200

第三年营业现金流＝（0－8 600－9 000）×75%＋9 000＝－4 200

第四年营业现金流＝（0－8 600）×75%＝－6 450（本年无折旧，因为税法折旧还剩3年，第4年无折旧）

算出每年的现金流量，那么净现值呢？

净现值＝现金流入现值－现金流出现值

小贴士

第2年年末的大修支出28 000元不需要摊销，如果是改扩建这样的描述就需要摊销。

③继续使用旧设备终结点回收流量的分析

回收流量＝7 000－1 000×25%＝6 750

税法规定残值6 000，而实际报废残值是7 000，说明赚了1 000，多缴所得税250（1 000×25%），属于现金流出。

终结现金流量＝回收残值净流量＝最终残值收入＋残值变现净损失抵税（－残值变现净收益纳税）

【注意】如果遇到提前报废（自己计算税法规定的账面净残值）

账面净残值＝原值－已计提折旧

（2）更新新设备后现金流量如图6-23所示。

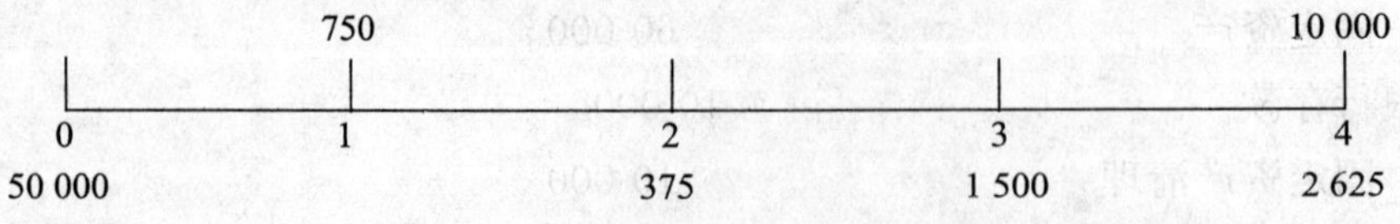

图6-23 新设备现金流量图示

初始现金流＝－50 000

第一年营业现金流＝（0－5 000－18 000）×（1－25%）＋18 000＝750

第二年营业现金流＝（0－5 000－13 500）×（1－25%）＋13 500＝－375

第三年营业现金流＝（0－5 000－9 000）×（1－25%）＋9 000＝－1 500

第四年营业现金流＝（0－5 000－4 500）×（1－25%）＋4 500＝－2 625

终结点现金流＝残值收入＝10 000

税法规定残值 5 000，说明赚了 5 000，多缴税 1 250（5 000×25%）＝1 250，属于现金流出。

【总结】

1. 初始 NCF

利用原有旧资产，考虑所得税对丧失的变现价值及变现损益的影响。

变现损益：将变现价值与账面净值对比。

2. 营业流量

（1）固定成本——付现成本。

（2）折旧计算方法：始终按税法的规定来确定。按照税法规定计提折旧，即按照税法规定的折旧年限、折旧方法、净残值等数据计算各年的折旧额。

【提示】常用折旧计算方法如表 6－13 所示。

表 6－13　　折旧计算方法表

双倍余额递减法	$年折旧率=\frac{2}{预计使用年限}\times 100\%$ 年折旧额＝固定资产账面净值×年折旧率 $最后两年平均摊销=\frac{(固定资产账面净值-预计净残值)}{2}$
年数总和法 （年限合计法）	$年折旧率=\frac{尚可使用年限}{预计使用寿命的年数总和}\times 100\%$ 年折旧额＝（固定资产原价－预计净残值）×年折旧率

（3）折旧抵税的年限——孰短法。

①税法规定尚可使用年限 5 年，企业估计尚可使用年限 4 年。（提前报废状况）所以抵税年限为 4 年。

②税法规定尚可使用年限 5 年，企业估计尚可使用年限 6 年。（超龄使用问题）所以抵税年限为 5 年。

（4）支出处理——资本支出还是费用支出。

大修是费用化，如果是改扩建一般就是资本化，得摊销。如果两年末改扩建支出 28 000元，分 2 年平均摊销，则

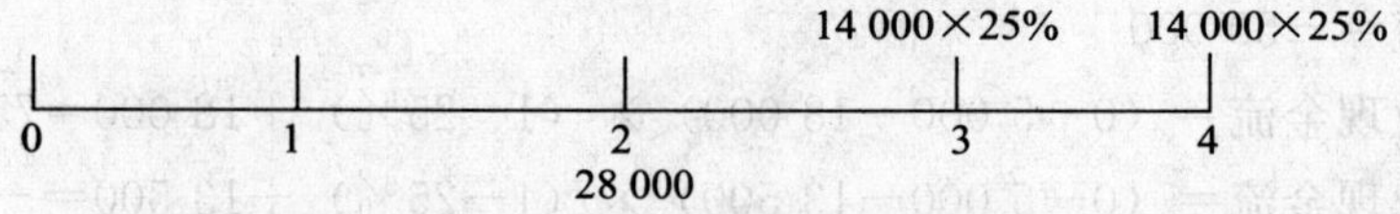

图 6-24　改扩建现金流量图示

3. 终结流量

当最终残值与税法规定的账面净残值不一致时，要考虑所得税的影响。

小贴士

如果遇到提前报废（自己计算税法规定的账面净残值），则账面净残值＝原值－已计提折旧

课下同步思考题

1. 什么是货币时间价值？为什么在投资决策中要考虑货币时间价值？
2. 什么是现金净流量？
3. 折现法有哪些决策指标？

项目七　全面预算的编制

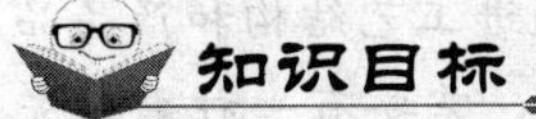

(1) 掌握全面预算的概念、特点、作用及构成；

(2) 熟悉弹性预算和零基预算的编制方法及特点。

能力目标

(1) 能判断各种预算方法的特点；

(2) 能进行全面预算。

杭州钢铁集团公司全面预算管理

(一) 公司概况

杭州钢铁集团公司（下称杭钢集团），是目前浙江省最大的工业企业，拥有全资、控股企业38家，总资产92亿元，净资产41亿元，以钢为主业，并涉足国内外贸易、机械制造、建筑安装、工业设计、房地产、电子信息、环保、旅游餐饮、教育等产业。2001年实现销售收入73.13亿元，实现利润4.8亿元，分别比2000年增长19.67%和19.17%。长期以来，公司坚持“企业管理以财务管理为中心，财务管理以资金管理为中心”的指导思想，紧紧抓住资金、成本两个管理中心环节，追求综合效益的最优化。近年来，通过对全面预算的不断探索和实践，保证了企业资金的有序控制，为企业持续发展提供了可靠保证，虽然规模在全国冶金行业中处于第28位，但实现利润连续四年名列前10位，每吨钢利润名列前2位。

(二) 内部管理制度的沿革

杭州集团的经营管理体制经历了两次质的转变：

1. 第一次质的转变

随着计划经济体制向生产经营型体制的转变，企业管理制度实现了由生产计划型管理模式向目标管理为主体的经济责任管理模式的转变。在这一转变过程中，杭州集团严格遵循市场经济规律，着眼于内部改革，建立和完善了一套适合企业实际的管理制度，如以成本控制为突破口的目标成本管理制度、以资金集中管理为核心的投资集中管理、投资项目集中管理以及内部银行管理制度、以费用控制为重点的“总额控制，分项核定”的费用管理制度等。这些制度为进一步完善企业经营管理和财务管理奠定了良好的基础，也为财务管理部门全面参与企业经营管理提供了前提条件。

2. 第二次质的转变

随着生产经营型体制向资产经营型体制的转变，企业管理制度又实现了由经济责任制管理模式向全面预算管理模式的转变。内部经济体制改革的不断深化和现代企业制为主体的单一管理模式已不能完全适应需要。为了更好地配置经济资源，促进工艺结构和产品品种结构的调整，提高企业的核心竞争力，增强企业的持续发展能力，需要有一种更为先进、能对企业生产经营活动实行全方位控制的管理模式。为此，杭钢集团引进全面预算管理体制，并在1996年开始实施。

实施预算管理的第一年（1996年）处于探索阶段。杭钢集团采用经济责任制和全面预算管理双轨制的运行办法，不仅给日常管理和具体操作带来了很大的不便，而且各二级管理单位也难以接受，无法达到对经营管理活动进行全面控制的预期效果，也给预算管理模式的深层次运行带来了较大阻力。针对双轨制运行办法存在的问题，杭钢集团对这两种管理模式的异同点进行了仔细的比较分析，以会计核算体系为突破口探索两者结合的途径。经过半年多的实践，逐步理顺了思路，总结出一套较为成熟的结合方式。预算委员会办公室对两者结合的具体方式进行了规范，自1997年开始实施。同时，公司董事会提出了“以全面预算为龙头，以‘学邯钢’为载体，以经济责任制为手段，以班组经济核算为基础”的预算管理指导方针。预算管理不仅与经济责任制、以产权为纽带的资产经营责任制、以公司重点攻关项目为主体的“一体两翼”承包责任制等管理手段有了合适的结合点，而且把科技创新、目标管理、责任会计、质量管理等控制手段充实到了全面预算管理体系之中。

学习情境一　什么是全面预算

一、全面预算的含义

预算是计划工作的成果，它既是决策的具体化，又是控制生产经营活动的依据。预算在传统上被看成是控制支出的工具，但新的观念是将其看成“使企业的资源获得最佳生产效率和获利能力的一种方法”。

企业全部经济活动过程的正式计划如用数量形式反映出来，就叫作全面预算。全面预算是所有以货币及其他数量形式反映的有关企业未来一段期间内全部经营活动各项目标的行动计划与相应措施的数量说明。

为了达到和完成预定的目标利润，企业的所有职能部门必须相互配合，并需均衡地开

展工作。企业编制全面预算就是要使每个职能部门的管理人员都知道在计划期间应该做什么以及怎样去做，从而保证其他部门和整个企业工作的顺利进行。

二、全面预算的作用

编制全面预算就是把涉及该企业的战略目标的一整套经济活动连接在一起，并规定如何去完成的方法，实际上它就是企业总体规划的数量说明。有了全面预算，企业就可以按照预算体系进行经营管理，而不是主观臆断，随心所欲，盲目瞎干。编制全面预算的具体作用表现在以下几个方面。

1. 全面预算有利于各级各部门明确其目标

全面预算是各级各部门工作目标、协调工具、控制标准和考核依据。全面预算的编制就是把整个企业和各个职能部门在计划期间的工作分别制定出具体目标，并将制订的目标所依据的主要设想和意图，以及达到各项目标所要采取的方法和措施都详细列出来，这样全面预算就有助于全体职工了解本部门和自己与整个企业的经营目标之间的关系，明确了自己在业务量、收入成本费用各方面应达到的水平，努力的方向，促使每个职工想方设法，从各自的角度去完成企业总的战略目标。

2. 全面预算有利于协调各职能部门的工作

从系统论的观点来看，局部计划的最优化，对全局来说，不一定是最合理的。为了使各个职能部门向着共同的、总的战略目标前进，他们的经济活动必须密切配合，相互协调，统筹兼顾，全面安排，搞好综合平衡。编制全面预算，能促使各部门管理人员清楚地了解本部门在全局中的地位和作用，尽可能地做好部门之间的协调工作。各级各部门因其职责不同，往往会出现相互冲突的现象。各部门之间必须协调一致，才能最大限度地实现企业整体目标。例如，企业的销售、生产、财务等各部门可以分别编制出对自己来说是最好的计划，而该计划在其他部门不一定能行得通。销售部门根据市场的预测提出了一个庞大的销售计划，生产部门可能没有那么大的生产能力。生产部门可能编制一个充分利用现有生产能力的计划，但销售部门可能无力将这些产品销售出去。销售部门和生产部门都认为应该扩大生产能力，财务部门却认为无法筹到必要的资金。全面预算经过综合平衡后可以找出解决各级各部门冲突的最佳办法。代表企业的最优方案，可以使各级各部门的工作在此基础上协调地进行。

3. 全面预算有利于控制日常经济活动

全面预算一经确定，就必须付诸执行，管理工作的重心转入控制，即设法使经济活动按计划进行。控制过程包括经济活动状态的计量、实际状态和标准的比较，两者差异的确定和分析，以及采取措施调整经济活动等。在预算执行过程中，各级各部门应通过计量、对比，及时发现实际偏离或脱离预算的差异，并分析其差异产生的原因，以便采取必要的措施，保证预定目标的实现。因此全面预算是控制企业日常经济活动的主要依据。当实际状态和预算有较大差异时，要查明原因并采取措施。

4. 全面预算有利于评定和考核各部门或个人的工作业绩

现代化生产是许多人共同劳动的过程，不能没有责任制度，而有效的责任制度离不开工作业绩的考核。通过考核，对每个部门或个人的工作进行评价，并据此实行奖惩，可以促使人们更好地工作。预算是评定各级各部门及个人工作业绩好坏的重要标准。在当今科技迅速发展、市场竞争激烈、劳动生产率不断提高的情况下，以实际与计划或预算相比，客观地评价各级各部门的业绩显得十分重要。

为使预算发挥上述作用，除了要编制一个高质量的预算外，还应制定合理的预算管理制度，包括预算程序、修改预算的办法、预算执行情况的分析方法、调查和奖惩办法等。

三、全面预算体系的构成

全面预算是由一系列预算构成的体系。各项预算之间相互联系，具体包括业务预算、专门决策预算和财务预算三大内容。

1. 业务预算

业务预算是指与企业日常经营活动直接相关的经营业务的各种预算。它主要包括销售预算、生产预算、材料采购预算、直接材料消耗预算、直接人工预算、制造费用预算、产品成本预算、经营费用和管理费用预算等。

2. 专门决策预算

专门决策预算指企业不经常发生的、一次性的重要决策预算。专门决策预算最能直接地体现决策的结果，是实际中选择方案的进一步规划。例如，资本支出预算，其编制依据可以追溯到决策之前收集的有关资料，只不过预算比决策估算更细致、更精确一些。又如，企业对一切固定资产的购置都必须在事先做好可能性分析的基础上来编制预算，具体反映在投资额要多少、何时进行投资、资金如何筹集、投资期限多长、何时可以投产、未来每年的现金流量多少等。

3. 财务预算

财务预算指企业在计划期内反映有关预计现金收支、经营成果和财务状况的预算。财务预算作为全面预算体系的最后环节，它是从价值方面总括地反映企业经营决策预算与业务预算的结果，也就是说业务预算和专门决策预算中的资料都可以用货币金额反映在财务预算内，这样一来，财务预算就成为各项经营业务预算和专门决策预算的整体计划，故称为总预算，其他预算则相应称为辅助预算或分预算。显然，财务预算在全面预算中占有举足轻重的地位。

企业应根据长期市场预测和企业生产能力编制长期销售预算，以此为基础，确定本年度的销售预算，并根据企业财力确定资本支出预算。销售预算是年度预算的编制起点，根据“以销定产”的原则确定生产预算，同时确定所需要的销售费用。生产预算的编制，除了考虑计划销售量外，还要考虑现有存货和年末存货。根据生产预算来确定直接材料、直接人工和制造费用预算。产品成本预算和现金预算是有关预算的汇总。预计利润表、资产负债表和现金流量表是全面预算的综合。

四、全面预算的编制程序

企业编制预算，一般应按照“上下结合，分级编制、逐级汇总”的程序进行。

1. 预算委员会下达目标

企业董事会或经理办公会根据企业发展战略和预算期经济形势的初步预测，在决策的基础上，一般于每年9月底以前提出下一年度企业财务预算目标，包括销售或营业目标、成本费用目标、利润目标和现金流量目标，并确定财务预算编制的政策，由财务预算委员会下达各预算执行单位。

2. 各预算执行单位编制部门预算并上报

各预算执行单位按照企业财务预算委员会下达的财务预算目标和政策，结合自身特点以及预测的执行条件，提出详细的本单位财务预算方案，于10月底以前上报企业财务管理部门。

3. 审查平衡

企业财务管理部门对各预算执行单位上报的财务预算方案进行审查、汇总，提出综合平衡的建议。在审查、平衡过程中，财务预算委员会应当进行充分协调，对发现的问题提出初步调整的意见，并反馈给有关预算执行单位予以修正。

4. 预算委员会审议批准

企业财务管理部门在有关预算执行单位修正调整的基础上，编制出企业财务预算方案，报财务预算委员会讨论。对于不符合企业发展战略或者财务预算目标的事项，企业财务预算委员会应当责成有关预算执行单位进一步修订、调整。在讨论、调整的基础上，企业财务管理部门正式编制企业年度财务预算草案，提交董事会或经理办公会审议批准。

5. 下达执行

企业财务管理部门对董事会或经理办公会审议批准的年度总预算，一般在次年3月底以前，分解成一系列的指标体系，由财务预算委员会逐级下达各预算执行单位执行。在下达后15日内，母公司应当将企业财务预算报送主管机关备案。

学习情境二　全面预算

子情境1　全面预算的分类

一、按其涉及的预算期分类

（1）长期预算：包括长期销售预算和资本支出预算，有时还包括长期资金筹措预算和研究与开发预算。

（2）短期预算：指年度预算，或者时间更短的季度或月度预算。

二、按其涉及的内容分类

（1）总预算：是指利润表预算和资产负债表预算，它们反映企业的总体状况，是各种专门预算的综合。

（2）专门预算：是指其他反映企业某一方面经济活动的预算。

三、按其涉及的业务活动领域分类

（1）销售预算

（2）生产预算

（3）财务预算

子情境 2　全面预算的编制方法

一、增量预算法与零基预算法

1. 增量预算（调整预算）

增量预算法是指以基期水平为基础，分析预算期业务量水平及有关影响因素的变动情况，通过调整基期项目及数额，编制相关预算的方法。

优点：能够适时调整预算。

缺点：当预算期的情况发生变化，预算数额会受到基期不合理因素的干扰，可能导致预算的不准确，不利于调动各部门达成预算目标的积极性。

2. 零基预算

零基预算是“以零为基础编制预算”的方法，采用零基预算法在编制费用预算时，不考虑以往期间的费用项目和费用数额，主要根据预算期的需要和可能分析费用项目和费用数额的合理性，综合平衡编制费用预算。

优点：不受前期费用项目和费用水平的制约，能够调动各部门降低费用的积极性。

缺点：编制工作量大。

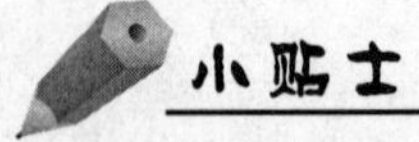

增量预算的假设前提：（1）现有的业务活动是企业所必需的；（2）原有的各项业务都是合理的。

二、固定预算法与弹性预算法

1. 固定预算（静态预算）

在编制预算时，只根据预算期内正常、可实现的某一固定的业务量（如生产量、销售

量等）水平作为唯一基础来编制预算的方法。

其特点有适应性差和可比性差。

适用范围：经营业务稳定，产品产销量稳定，能准确预测产品需求及产品成本的企业，也可用于编制固定费用预算。

2. 弹性预算（动态预算）

弹性预算是在成本性态分析的基础上，依据业务量、成本和利润之间的联动关系，按照预算期内可能的一系列业务量（如生产量、销售量、工时等）水平编制的系列预算方法。

小贴士

一般来说，可定在正常生产能力的70%～110%之间，或以历史上最高业务量和最低业务量为其上下限。

弹性预算的准确性，在很大程度上取决于成本性态分析的可靠性。

其特点有预算范围宽以及便于预算执行的评价和考核。

适用范围：适用于编制全面预算中所有与业务量有关的预算，但实务中主要用于编制成本费用预算和利润预算，尤其是成本费用预算。

3. 弹性预算的编制

（1）公式法的公式如下：

成本的弹性预算＝固定成本预算数＋单位变动成本预算数×预计业务量（$Y=a+bX$）

优点：便于计算任何业务量的预算成本。

缺点：阶梯成本和曲线成本只能用数学方法修正为直线，才能应用公式法。

（2）列表法，指用列表的方式，在相关范围内每隔一定业务量范围计算相关数值预算。

优点：不管实际业务量多少，不必经过计算即可找到与业务量相近的预算成本；混合成本中的阶梯成本和曲线成本，可按总成本性态模型计算填列，不必用数学方法修正为近似的直线成本。（较直观）

缺点：在评价和考核实际成本时，往往需要使用插补法来计算"实际业务量的预算成本"，比较麻烦。

三、定期预算法与滚动预算法

1. 定期预算

定期预算是以固定不变的会计期间（如年度、季度、月份）作为预算期间编制预算的方法。预算期间与会计期间一致。

优点：保证预算期间与会计期间在时期上配比，便于依据会计报告的数据与预算的比较，考核和评价预算的执行结果。

缺点：但不利于前后各个期间的预算衔接，不能适应连续不断的业务活动过程的预算管理。

2. 滚动预算（连续预算、永续预算）

滚动预算是在上期预算完成情况基础上，调整和编制下期预算，并将预算期间逐期连续向后滚动推移，使预算期间保持一定的时期跨度。预算期间与会计期间不一致。

优点：能够保持预算的持续性，有利于考虑未来业务活动，结合企业近期目标和长期目标；使预算随时间的推进不断加以调整和修订，能使预算与实际情况更相适应，有利于充分发挥预算的指导和控制作用。

缺点：编制工作量大。

滚动的方式有：逐月滚动、逐季滚动和混合滚动。

学习情境三　如何编制全面预算

全面预算实际上是一整套预计的财务报表和有关的附表。它主要是用来规划计划期间的经济活动及其结果，其基本内容有：销售预算、生产预算、直接材料预算、直接人工预算、制造费用预算、产品成本预算、销售及管理费用预算、专门决策预算、现金预算、预计利润表、预计资产负债表。

全面预算主要是以现金预算、预计资产负债表和预计利润表的形式反映，其中现金预算是核心内容，并且全面预算是以业务预算和决策预算为基础编制的，是其他预算有关现金收支的汇总。

现金预算也称现金收支预算，是以日常业务预算和决策预算为基础编制的反映企业现金收支情况的预算。现金预算主要反映企业现金收入来源、现金支出去向、现金余缺。现金预算实际上与现金流量表中的现金意义是一样的。由于投资和筹资影响的现金数额一般较大，且不经常发生，所以我们这里介绍的现金预算主要是经营活动的现金收支情况。因此现金预算的主要依据是各业务预算及决策预算中的有关资料。

现金收入包括计划期间的期初现金余额，加上本期预计可能发生的现金收入。一般来说，现金收入的主要来源是销售收入和应收账款的收回，可从销售预算中获得所需资料。

现金支出包括计划期内预计可能发生的一切现金支出，如支付购料款、支付工资和各种费用。这些资料可从直接材料预算、直接人工预算、各种费用预算中获得。

现金余缺是将现金收入总额减去现金支出总额后，如收入大于支出，出现剩余，可以用来偿还借款或进行短期投资；如收入小于支出，出现缺口，则应向银行或其他单位举债。

融通资金和投放资金包括计划期间需要向银行借款的数额、向外投资的数额，以及归还借款、偿还利息、收回投资及股利等。

子情境 1　销售预算的编制

销售预算指在销售预测的基础上，根据企业年度目标利润确定的预计销售量、销售单价和销售收入等参数编制的，用于规划预算期销售活动的一种业务预算。在编制过程中，应根据年度内各季度市场预测的销售量和单价，确定预计销售收入，并根据各季现销收入与收回前期的应收账款反映现金收入额，以便为编制现金预算提供资料。

销售预算是整个预算的编制起点，也是编制其他有关预算的基础。

【任务 7-1】根据资料编制思博公司 2016 年的销售预算。

思博公司 2016 年（计划年度）只生产和销售女装，每季度的产品销售货款有 60%于当期收到，有 40%属赊销于下一个季度收到。2016 年年末的应收账款为 6200 元。该公司计划年度的分季销售预算见表 7-1。

表 7-1　　思博公司 2016 年度销售预算

季　度	一	二	三	四	全年
预计销售量（件）	100	150	200	180	630
预计单位售价	200	200	200	200	200
销售收入	20 000	30 000	40 000	36 000	126 000
预计现金收入					
上年应收账款	6 200				6 200
第一季度（销货 20 000）	12 000	8 000			20 000
第二季度（销货 30 000）		18 000	12 000		30 000
第三季度（销货 40 000）			24 000	16 000	40 000
第四季度（销货 36 000）				21 600	21 600
现金收入合计	18 200	26 000	36 000	37 600	117 800

现金收入＝当期现销收入＋收回前期应收账款

第 4 季度末应收账款（年应收账款）＝36 000×40%＝14 400

子情境 2　生产预算的编制

生产预算是为规划预算期生产规模而编制的一种业务预算，它是在销售预算的基础上编制的，并可以为编制直接材料预算和产品成本预算提供依据。编制生产预算的主要依据是预算期各种产品的预计销售量及存货期初期末资料。

特点：唯一只以实物量表示的预算。（没有金额）

编制基础：以销售预算为基础编制。

基本公式如下：

预计期末产成品存货＝下季度销售量×$a\%$

预计期初产成品存货＝上季度期末产成品存货

预计生产量＝（预计销售量＋预计期末产成品存货）－预计期初产成品存货

【任务 7－2】根据资料编制思博公司 2016 年的生产预算。

思博公司期末库存是下期销量的 10%，第一季度的期初库存 10 件女装，第四季度库存 20 件。该公司计划年度的分季生产预算见表 7－2。

表 7－2　　思博公司 2016 年度生产预算

季　度	一	二	三	四	全年
预计销售量	100	150	200	180	630
加：预计期末产成品存货	15	20	18	20	20
合计	115	170	218	200	650
减：预计期初产成品存货	10	15	20	18	10
预计生产量	105	155	198	182	640

子情境 3　直接材料预算的编制

直接材料预算是为了规划预算期材料消耗情况及采购活动而编制的，用于反映预算期各种材料消耗量、采购量、材料消耗成本和材料采购成本等计划信息的一种业务预算。依据预计产品生产量和材料单位耗用量，确定生产需要耗用量，再根据材料的期初期末结存情况，确定材料采购量，最后根据采购材料的付款，确定现金支出预算。

编制基础：以生产预算为基础编制的，还要考虑预算期期初、期末的原材料存量。

计算公式如下：

本期采购数量＝（本期生产耗用数量＋期末存量）－期初存量

【任务 7－3】根据资料编制思博公司 2016 年的直接材料预算。

思博公司期末库存是下期需要量的 20%，计划年度期初材料结存量是 300kg，期末材料结存是 400kg，每季度的购料款当季度支付 50%，下一季度支付 50%。该公司计划年度的分季生产预算见表 7－3。

表 7－3　　思博公司 2016 年度直接材料预算

季　度	一	二	三	四	全年
预计生产量（件）	105	155	198	182	640
单位产品材料用量（千克/件）	10	10	10	10	10

续　表

季　度	一	二	三	四	全年
生产需用量（千克）	1 050	1 550	1 980	1 820	6 400
加：预计期末存量（千克）	310	396	364	400	400
合计	1 360	1 946	2 344	2 220	6 800
减：预计期初存量（千克）	300	310	396	364	300
预计材料采购量（千克）	1 060	1 636	1 948	1 856	6 500
单价（元/千克）	5	5	5	5	5
预计采购金额（元）	5 300	8 180	9 740	9 280	32 500
预计现金支出					
上年应付账款	2 350				2 350
第一季度（采购 5 300 元）	2 650	2 650			5 300
第二季度（采购 8 180 元）		4 090	4 090		8 180
第三季度（采购 9 740 元）			4 870	4 870	9 740
第四季度（采购 9 280 元）				4 640	4 640
合计	5 000	6 740	8 960	9 510	30 210

子情境 4　直接人工预算的编制

直接人工预算是一种既反映预算期内人工工时消耗水平，又规划人工成本开支的业务预算。这项预算是根据生产预算中的预计生产量以及单位产品所需的直接人工小时和每小时工资率进行编制的。在通常情况下，企业往往要雇佣不同工种的人工，那就必须按工种类别分别计算，然后将得出的直接人工小时总数分别乘以该工种的工资率，再合计，即可求得预计直接人工成本的总数。

编制基础：直接人工预算也是以生产预算为基础编制的。

【任务 7－4】根据资料编制思博公司 2016 年的直接人工预算。

该公司计划年度的分季直接人工预算见表 7－4。

表 7－4　　思博公司 2016 年度直接人工预算

季　度	一	二	三	四	全年
预计产量（件）	105	155	198	182	640
单位产品工时（小时/件）	10	10	10	10	10
人工总工时（小时）	1 050	1 550	1 980	1 820	6 400
每小时人工成本（元/小时）	2	2	2	2	2
人工总成本（元）	2 100	3 100	3 960	3 640	12 800

小贴士

由于工资一般都要全部支付现金，因此直接人工预算表中预计直接人工成本总额就是现金预算中的直接人工工资支付额。

子情境 5 制造费用预算的编制

制造费用预算是指生产成本中除直接材料、直接人工以外的一切不能直接计入产品制造成本的间接制造费用。这些费用必须按成本性态划分为固定费用和变动费用。编制制造费用预算时，应以计划期的一定业务量为基础来规划各个费用项目的具体预算数字。另外在制造费用预算表下还要附有现金支出表，方便编制现在收支预算。需要注意的是，制造费用中的非付现费用，如折旧费在计算现金支出时应予以扣除。

编制基础：

（1）变动制造费用以生产预算为基础来编制。

（2）固定制造费用，需要逐项进行预计，通常与本期产量无关，可按各期生产需要等情况加以预计，然后求出全年数。

【任务 7－5】根据资料编制思博公司 2016 年的制造费用预算。

该公司计划年度的分季制造费用预算见表 7－5。

表 7－5　　思博公司 2016 年度制造费用预算

季　度	一	二	三	四	全年
变动制造费用：					
间接人工（1 元/件）	105	155	198	182	640
间接材料（1 元/件）	105	155	198	182	640
修理费（2 元/件）	210	310	396	364	1 280
水电费（1 元/件）	105	155	198	182	640
小计	525	775	990	910	3 200
固定制造费用：					
修理费	1 000	1 140	900	900	3 940
折旧	1 000	1 000	1 000	1 000	4 000
管理人员工资	200	200	200	200	800
保险费	75	85	110	190	460
财产税	100	100	100	100	400
小计	2 375	2 525	2 310	2 390	9 600
合计	2 900	3 300	3 300	3 300	12 800
减：折旧	1 000	1 000	1 000	1 000	4 000
现金支出的费用	1 900	2 300	2 300	2 300	8 800

变动制造费用分配率$=\frac{3200}{6400}=0.5$（元/小时）

固定制造费用分配率$=\frac{9600}{6400}=1.5$（元/小时）

子情境 6　产品成本预算的编制

产品成本预算是反映预算期内各种产品生产成本水平的一种业务预算。这种预算是在生产预算、直接材料预算、直接人工预算和制造费用预算的基础上编制的，通常应反映各产品单位生产成本，有时还要反映年初年末存货水平。

编制基础：是销售预算、生产预算、直接材料预算、直接人工预算和制造费用预算的汇总。

【任务 7－6】根据资料编制思博公司 2016 年的产品成本预算。

该公司计划年度的分季产品成本预算见表 7－6。

表 7－6　　思博公司 2016 年度产品成本预算

	单位成本			生产成本（640 件）	期末存货（20 件）	销货成本（630 件）
	每千克或每小时（元）	投入量	成本（元）			
直接材料	5	10 千克	50	32 000	1 000	31 500
直接人工	2	10 小时	20	12 800	400	12 600
变动制造费用	0.5	10 小时	5	3 200	100	3 150
固定制造费用	1.5	10 小时	15	9 600	300	9 450
合计			90	57 600	1 800	56 700

子情境 7　销售及管理费用预算的编制

销售及管理费用预算是以价值形式反映整个预算期内为销售产品和维持一般管理工作而发生的各项费用支出计划的费用预算。该预算与制造费用预算是一样的，需要划分固定费用和变动费用。同时，由于销售及管理费用是期间费用，发生时就可能导致企业现金的流出，因而在这项预算表下也应附列计划期间预计销售及管理费用的现金支出计算表，以便编制现金预算。

销售费用预算：以销售预算为基础。

管理费用预算：一般是以过去的实际开支为基础，按预算期的可预见变化来调整。

【任务 7－7】根据资料编制思博公司 2016 年的销售及管理费用预算。

该公司计划年度的分季销售及管理费用预算见表 7－7。

表 7-7　思博公司 2016 年度销售及管理费用预算

项　目	金　额
销售费用：	
销售人员工资	2 000
广告费	5 500
包装、运输费	3 000
保管费	2 700
管理费用：	
管理人员薪金	4 000
福利费	800
保险费	600
办公费	1 400
合计	20 000
每季度支付现金（20 000÷4）	5 000

项目里如果有折旧和摊销，支付的现金里得扣除折旧和摊销。

子情境 8　专门决策预算的编制

专门决策预算往往涉及长期建设项目的资金投放与筹措，并经常跨年度，因此除个别项目外，一般不纳入日常的业务预算，但应计入与此有关的现金预算与预计资产负债表。

【任务 7-8】思博公司决定于 2016 年上马一条新的生产线，年内安装完毕，并于年末投入使用，有关投资与筹资预算见表 7-8。

表 7-8　思博公司 2016 年度专门决策预算表

项　目	第 1 季度	第 2 季度	第 3 季度	第 4 季度	全年
投资支出预算		10 000			10 000
借入长期借款				1 080	1 080

子情境9　现金预算的编制

现金预算是将业务预算各表中反映的现金收支额和决策预算的现金投资额汇总列出现金收入总额、现金支出总额、现金余缺数及投资、融资数额等。

编制基础：营业预算、资本支付预算

期初余额

经营现金收入（当期现销＋收回前期应收账款）

经营现金支出：

材料采购支出（当期采购支出＋支付前期应付账款）

人工支出（预算数）

制造费用支出（预算数－非付现成本）

销售管理费用支出（预算数－非付现成本）

投资支出

现金余缺额

余：投放

缺：筹措

【任务7－9】根据前面编制的各业务预算表和决策预算表的资料，编制现金预算。思博公司年初现金余额为8 000元，每季度支付所得税费用4 000元，二季度和四季度分别支付股利8 000元，思博公司现金预算表见表7－9。

表7－9　　思博公司2016年度现金预算表

季　度	一	二	三	四	全年
期初现金余额	8 000	8 200	6 060	6 290	8 000
加：销货现金收入	18 200	26 000	36 000	37 600	117 800
可供使用现金	26 200	34 200	42 060	43 890	125 800
减：各项支出					
直接材料	5 000	6 740	8 960	9 510	30 210
直接人工	2 100	3 100	3 960	3 640	12 800
制造费用	1 900	2 300	2 300	2 300	8 800
销售及管理费用	5 000	5 000	5 000	5 000	20 000
所得税费用（已知）	4 000	4 000	4 000	4 000	16 000
购买设备（已知）		10 000			10 000
股利（已知）		8 000		8 000	16 000
支出合计	18 000	39 140	24 220	32 450	113 810

续 表

季 度	一	二	三	四	全年
现金多余或不足	8 200	(4 940)	17 840	11 440	11 990
向银行借款		11 000			11 000
还银行借款			11 000		11 000
短期借款利息（年利 10%）			550		550
长期借款利息（年利 12%）				1 080	1 080
期末现金余额	8 200	6 060	6 290	10 360	10 360

小贴士

本任务中：现金最低余额为 6 000 元，不足部分向银行借款，借款是 1 000 的倍数。借款额需要计算。利息计算的假设：借款在期初，还款在期末。

长期借款：已知年初借款 9 000 万元，年利息特指在年末支付。

表 7-10　　借款利息计算表

	一季度	二季度	三季度	四季度
现金多余（不足）	8 200	−4 940	15 840	11 440
借款		11 000		
还款			9 000	2 000
借款利息			$9\,000 \times 10\% \times \frac{1}{2}$	$2\,000 \times 10\% \times \frac{3}{4}$

子情境 10　预计利润表的编制

预计利润表是用来综合反映企业在计划期生产经营的财务情况，并作为预计企业经营活动最终成果的重要依据，是主要的预算表之一。编制预计利润表的依据是各业务预算表、决策预算表和现金预算表。

【任务 7-10】根据前面编制的各业务预算表和决策预算表的资料，编制利润表预算。思博公司全年利息费用为 1 630 元，思博公司利润预算表见表 7-11。

表 7－11　　思博公司 2016 年度利润预算表

项　目	金　额
销售收入	126 000
销货成本	56 700
毛利	69 300
销售及管理费用	20 000
利息	1 630
利润总额	47 670
所得税费用（估计）	16 000
税后净收益	31 670

（1）要注意按照权责发生制来编制利润预算表。

（2）“所得税”项目是在利润规划时估计的，并已列入现金预算。它通常不是根据“利润”和所得税税率计算出来的。

子情境 11　预计资产负债表的编制

预计资产负债表是用来反映企业在计划期末那一天预计的财务状况。它的编制需以计划期开始日的资产负债表为基础，然后根据计划期间各项预算的有关资料做必要的调整。

该表是利用本期期初资产负债表，根据销售、生产、资本等预算的有关数据加以调整编制的，全面预算的终点。

【任务 7－11】根据思博公司期初资产负债表及 2016 年度各项预算中的有关资料进行调整，编制出 2016 年年末的预计资产负债表如表 7－12 所示。

表 7－12　　思博公司 2016 年度预计资产负债表

资　产			权　益		
项目	年初	年末	项目	年初	年末
现金（表 7－9）	8 000	10 360	应付账款（表 7－3）	2 350	4 640
应收账款（表 7－1）	6 200	14 400	长期借款	9 000	9 000
直接材料（表 7－3）	1 500	2 000	普通股	20 000	20 000
产成品（表 7－6）	900	1 800	未分配利润	16 250	31 920
固定资产	35 000	45 000			

续　表

资　产			权　益		
项目	年初	年末	项目	年初	年末
累计折旧（表7—5）	4 000	8 000			
资产总额	47 600	65 560	权益总额	47 600	65 560

课下同步思考题

1. 企业编制全面预算的具体作用表现在哪里？

2. 什么是零基预算？它有何特点？

3. 红枫公司11月份现金收支的预计资料如下：

（1）11月1日的现金（包括银行存款）余额为13 700元，已收到未入账支票40 400元。

（2）产品售价8元/件。9月销售20 000件，10月销售30 000件，11月预计销售40 000件，12月预计销售25 000件。根据经验，商品售出后当月可收回货款的60%，次月收回30%，再次月收回8%，另外2%为坏账。

（3）进货成本为5元/件，平均在15天后付款。编制预算时月底存货为次月销售的10%加1 000件。10月底的实际存货为4 000件，应付账款余额为77 500元。

（4）11月的费用预算为85 000元，其中折旧为12 000元，其余费用需当月用现金支付。

（5）预计11月份将购置设备一台，支出150 000元，需当月付款。

（6）11月份预交所得税20 000元。

（7）现金不足时可从银行借入，借款额为10 000元的倍数，利息在还款时支付。期末现金余额不少于5 000元。

要求：编制11月份的现金预算。

【答案】如表7-13所示。

表7-13　　11月份现金预算　　单位：元

项　目	金　额
期初现金余额	13 700
现金收入：	
支票入账	40 400
9月销售20 000件	20 000×8%×8=12 800

续　表

项　目	金　额
10 月销售 30 000 件	30 000×30%×8=72 000
11 月销售 40 000 件	40 000×60%×8=192 000
销货收现合计	276 800
可使用现金合计	330 900
现金支出：	
上月应付账款	77 500
本月进货本月付现现金支出	{［本月销售 40 000 件+月末（2 500 件+1 000 件）−月初 4 000 件］×5 元/件}×50%=98 750
付现费用	85 000−12 000=73 000
购置设备	150 000
所得税	20 000
现金支出合计	419 250
现金多余（或不足）	（88 350）
借入银行借款	100 000
期末现金余额	11 650

项目八　标准成本控制

知识目标

（1）掌握直接材料、直接人工和制造费用的标准成本的制定过程；

（2）掌握成本差异的计算和分析；

（3）理解标准成本控制的内容、作用及标准成本的类型。

能力目标

（1）能制定直接材料、直接人工、制造费用的标准成本；

（2）能计算直接材料、直接人工、变动制造费用和固定制造费用的成本差异并进行分析。

实例导入

美的的成本控制

中国制造企业有 90% 的时间花费在物流上，物流仓储成本占据了总销售成本的 30%～40%，供应链上物流的速度以及成本更是令中国企业苦恼的老大难问题。美的针对供应链的库存问题，利用信息化技术手段，一方面从原材料的库存管理做起，追求零库存标准；另一方面针对销售商，以建立合理库存为目标，从供应链的两段实施挤压，加速了资金、物资的周转，实现了供应链的整合成本优势。

一、零库存梦想

美的虽多年名列空调产业的“三甲”之位，但是不无一朝城门失守之忧。自 2014 年来，在降低市场费用、裁员、压低采购价格等方面，美的频繁变招，其路数始终围绕着成本与效率。在广东地区已经悄悄为终端经销商安装进销存软件，即实现“供应商管理库存”（以下简称 VMI）和“管理经销商库存”中的一个步骤。

对于美的来说，其较为稳定的供应商共有 300 多家，其零配件（出口、内销产品）加起来一共有 3 万多种。从 2002 年中期，利用信息系统，美的集团在全国范围内实现了产销信息的共享。有了信息平台做保障，美的原有的 100 多个仓库精简为 8 个区域仓，在 8 小时可以运到的地方，全靠配送。这样一来美的集团流通环节的成本降低了 15%～20%。

运输距离长（运货时间3～5天的）的外地供应商，一般都会在美的的仓库里租赁一个片区（仓库所有权归美的），并把其零配件放到片区里面储备。

在美的需要用到这些零配件的时候，它就会通知供应商，然后再进行资金划拨、取货等工作。这时，零配件的产权，才由供应商转移到美的手上——而在此之前，所有的库存成本都由供应商承担。此外，美的在ERP（企业资源管理）基础上与供应商建立了直接的交货平台。供应商在自己的办公地点，通过互联网（WEB）的方式就可登录到美的公司的页面上，看到美的的订单内容：品种、型号、数量和交货时间等，然后由供应商确认信息，这样一张采购订单就已经合法化了。

实施VMI后，供应商不需要像以前一样疲于应付美的的订单，而只需做一些适当的库存即可。供应商不用备很多货，一般有能满足3天的需求即可。美的零部件年库存周转率，在2015年上升到70～80次/年。其零部件库存也由原来平均的5～7天存货水平，大幅降低为3天左右，而且这3天的库存也是由供应商管理并承担相应成本。

库存周转率提高后，一系列相关的财务"风向标"也随之"由阴转晴"，让美的"欣喜不已"；资金占用降低、资金利用率提高、资金风险下降、库存成本直线下降。

二、消解分销链存货

在业务链后端的供应体系进行优化的同时，美的也正在加紧对前端销售体系的管理进行渗透。在经销商管理环节上，美的利用销售管理系统可以统计到经销商的销售信息（分公司、代理商、型号、数量、日期等），而近年来则公开了与经销商的部分电子化往来，以前半年一次的手工性的繁杂对账，现在则进行业务往来的实时对账和审核。

在前端销售环节，美的作为经销商的供应商，为经销商管理库存。这样的结果是，经销商不用备货了，"即使备也是五台十台这种概念"——不存在以后淡季打款。经销商缺货，美的立刻就会自动送过去，而不需经销商提醒。经销商的库存实际是美的自己的库存。这种存货管理上的前移，美的可以有效地削减销售渠道上的存货，而不是任其堵塞在渠道中，让其占用经销商的大量资金。

2015年，美的以空调为核心对整条供应链资源进行整合，更多的优秀供应商被纳入美的空调的供应体系，美的空调供应体系的整体素质有所提升。依照企业经营战略和重心的转变，为满足制造模式"柔性"和"速度"的要求，美的对供应资源布局进行了结构性调整，供应链布局得到优化。通过厂商的共同努力，整体供应链在"成本""品质""响应期"等方面的专业化能力得到了不同程度的整合，供应链能力得到提升。

目前，美的空调成品的年库存周转率大约是10次，而美的的短期目标是将成品空调的库存周转率提高1.5～2次。目前，美的空调成品的年库存周转率不仅远低于戴尔等电脑厂商，也低于年周转率大于10次的韩国厂商。库存周转率提高一次，可以直接为美的空调节省超过2000万元人民币的费用。由于采取了一系列措施，美的已经在库存控制上尝到了甜头，2015年度，美的销售量同比2001年度增长50%～60%，但成品库存却降低了9万台，因而保证了在激烈的市场竞争下维持了相当的利润。

学习情境一　什么是标准成本控制

一、标准成本控制的含义

为了实现企业内部资源的有效配置，实施控制管理的经理人员不仅要了解产品的实际成本信息，还要了解这种实际的成本水平是否能够代表或者接近一种有效的生产经营方式，以便及时对相关成本项目进行控制管理，实现企业长远发展的目标。标准成本控制就是在这样的管理需求下产生并发展起来的。

标准成本控制是成本控制中应用最为广泛和有效的一种成本控制方法，也称为标准成本控制、标准成本会计或标准成本法。它以制定的标准成本为基础，将实际发生的成本与标准成本进行对比，揭示成本差异形成的原因和责任，从而采取相应措施，实现对成本的有效控制。标准成本控制包括事前控制、事中控制和事后控制。事前控制主要是制定标准成本，作为成本控制的依据；事中控制是对标准定额现场的控制，对各种差异进行记录和分析，对于那些不正常的差异，即超过控制范围的差异，要深入分析其产生的原因并实施控制管理；事后控制是会计部门对所记录的差异分析表进行汇总，根据可控和不可控的性质明确差异的责任，并计算产品的实际成本。

二、标准成本的概念及分类

标准成本是指在生产经营效率良好的条件下，使用科学方法估计的，应该发生的目标成本，它可以作为评价实际业绩的尺度。根据标准成本达到的难易程度和修订的频率，可以把标准成本分为以下几种。

1. 基本标准成本

基本标准成本是根据正常的耗用水平、正常的价格和正常的生产经营能力利用程度而制定的。

基本标准成本一经制定，除非生产的基本条件发生重大变化，否则不予变动。在国内外经济形势稳定的条件下，可以使用基本标准成本。基本标准成本与各期实际成本对比，可以反映成本变动的趋势。但由于它几年制定一次并保持不变，因此随着科学技术的日益发展，劳动生产率不断提高，并保持不变，原有标准成本将逐渐过时，难以在成本管理中发挥应有的作用，因此在实际中很少采用，不宜直接用来评价工作效率和成本控制的有效性。

小贴士

所谓生产的基本条件的重大变化是指产品的物理结构的变化，重要原材料和劳动力价格的重要变化，生产技术和工艺的根本变化，只有这些条件发生变化，基本标准成本才需

要修订。由于市场供求变化导致的售价变化和生产经营能力利用程度变化，由于工作方法改变而引起的效率变化等，不属于生产的基本条件的重大变化。

2. 理想标准成本

理想标准成本是根据最少的耗用量、最低的价格水平和可能实现的最高生产经营能力的利用程度等条件而制定的，也就是在排除一切失误、浪费和耽搁的基础上制定的，其主要用途是给出一个完美无缺的目标，显示实际成本下降的潜力。但由于这类标准成本要求过高，不考虑在生产中可能发生的上述实际情况，如果用它们来计算成本的话，会挫伤职工的生产积极性。因此，这种标准成本在实际工作中很少采用。

3. 现实标准成本

现实标准成本是根据企业最可能发生的生产要素耗用量、生产要素价格和生产经营能力利用程度而制定的，它是一种经过努力可以达到的既先进又合理、最切实可行且接近实际的成本。现行标准成本既严格又实际，一般是按适用期间的实际情况对基本标准成本加以修正以后得到的，既可以作为评价实际成本的依据，也可以用来对存货和销货成本进行计价，因而被广泛采用。

小贴士

现实标准成本从数量上看，它应大于理想标准成本，但又小于历史平均水平，是要经过努力才能达到的一种标准，因而可以调动职工的积极性。在标准成本系统中广泛使用正常标准成本。

三、标准成本控制的作用

标准成本控制的作用主要体现在以下几个方面。

1. 简化成本核算，简化会计处理程序

一套完整的标准成本控制通常伴有生产操作的标准化，这样就不需要对许多领料单和工作时间卡予以分类和汇总，因为标准数额已经计入汇总成本单。在生产通知单完工时，只需为差异额在标准工作单上作出分录。另外，在标准成本法下，将标准成本和成本差异分别列示，材料、在产品、产成品和产品销售成本都可以按标准成本入账，成本差异数额较小时可以作为期间费用处理，这样就使核实工作量大为减少，既可以及时提供成本资料，又可以使会计人员从繁重的核算工作中解脱出来。

2. 便于日常的成本控制管理

标准成本控制设定的标准成本是企业“应该发生的成本”，它是企业进行日常成本控制管理的标杆。通过制定标准成本，企业可以随时发现成本差异，并针对差异产生的原因进行及时的日常控制管理，有限地控制成本支出。

3. 为企业决策提供依据

标准成本控制中制定的标准成本，是通过科学的分析、预测得到的企业的成本目标，它剔出了很多不合理因素，因此不论是进行长期投资决策还是短期经营决策，尤其是在定价决策时，都是衡量经济效益的一个重要参考依据。

4. 便于编制预算和进行业绩考核与评价

因为标准成本是一种预计成本，所以可以作为编制预算的依据，明确企业在预算期的目标。另外，通过计算和分析各部门发生的实际成本与标准成本之间的差异，企业可以完成对各部门经理在成本控制管理方面业绩的考核与评价。因此，标准成本法也是控制和激励企业内部个体行为的一种有效手段。

学习情境二　如何制定标准成本

一、标准成本的含义

产品的标准成本是由直接材料、直接人工和制造费用三个成本项目的标准成本汇总得到的。因此，制定单位产品的标准成本应分别根据直接材料和直接人工的数量标准、材料的价格标准、人工工资率标准和制造费用分配率标准进行计算，按成本构成要素逐项确定。其基本形式如下。

标准成本＝数量标准×价格标准

数量标准包括单位产品材料消耗量、单位产品直接人工工时等，价格标准包括原材料单价、小时工资率、小时制造费用分配率等。如表 8－1 所示。

小贴士

数量标准主要由生产技术部门组织制定，吸收执行标准的部门和员工参与。价格标准由会计部门和其他有关部门共同研究制定。采购部门是材料价格的责任部门，劳资部门和有关生产部门对小时工资率负有责任，各生产车间对小时制造费用分配率承担责任，在制定有关价格标准时要与他们协调。

表 8－1　成本项目表

成本项目	数量标准	价格标准
直接材料	单位产品材料消耗量	原材料单价
直接人工	单位产品直接人工工时	小时工资率
制造费用	单位产品直接人工工时（或台时）	小时制造费用分配率

小贴士

(1) 各部门的制造费用标准成本分为变动制造费用标准成本和固定制造费用标准成本两部分。固定制造费用的数量标准与变动制造费用的数量标准相同，包括直接人工工时、机器工时、其他数量标准等，并且两者要保持一致，以便进行差异分析。

(2) 无论是价格标准还是数量标准，都可以是理想状态的或正常状态的，据此得出理想的标准成本或正常的标准成本。

二、变动成本的差异分析

公式如下：

成本差异＝实际成本－标准成本（实际产量下的）

价差＝实际数量×（实际价格－标准价格）

量差＝（实际数量－标准数量）×标准价格

成本差异＞0，超支，不利差异；成本差异＜0，节约，有利差异

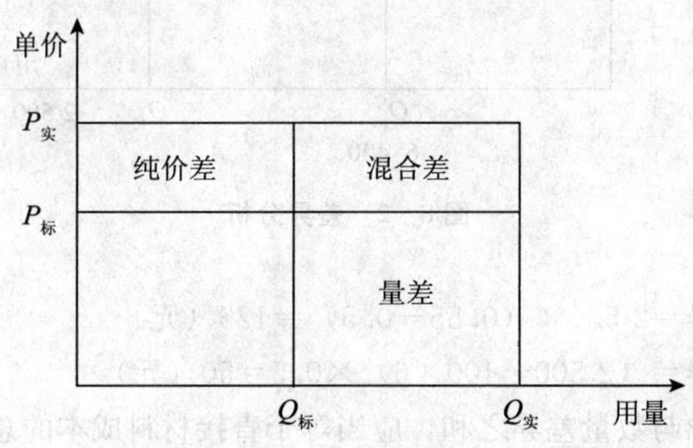

图 8-1　差异分析

$$成本差异=P_{实}Q_{实}-P_{标}Q_{标}$$

分解：量差＝$(Q_{实}-Q_{标})\times P_{标}$

价差＝$(P_{实}-P_{标})\times Q_{实}$

小贴士

图 8-1 上边的左边框是纯价差，右边是混合差，为了简化计算，纯价差＋混合差统一称为价差。

子情境 1　直接材料成本差异分析

（1）价差公式如下：

材料价格差异＝实际数量×（实际价格－标准价格）

（2）量差公式如下：

材料数量差异＝（实际数量－标准数量）×标准价格

【任务 8－1】思博公司本月生产服装 400 件，使用材料 2 500 千克，材料单价为 0.55 元/千克；直接材料的单位产品标准成本为 3 元，即每件产品耗用 6 千克直接材料，每千克材料的标准价格为 0.5 元。如图 8－2 所示且根据上述公式计算：

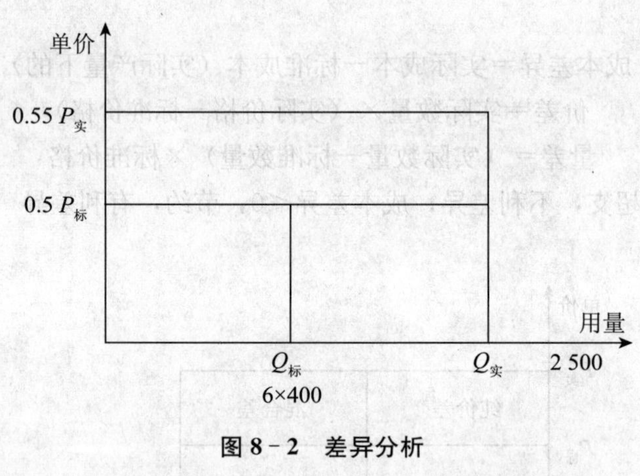

图 8－2　差异分析

直接材料价格差异＝2 500×（0.55－0.5）＝125（元）

直接材料数量差异＝（2 500－400×6）×0.5＝50（元）

直接材料价格差异与数量差异之和，应当等于直接材料成本的总差异。

直接材料成本差异＝实际成本－标准成本＝2 500×0.55－400×6×0.5＝1 375－1 200＝175（元）

直接材料成本差异＝价格差异＋数量差异＝125＋50＝175（元）

一般来说，可能造成材料价格差异的原因主要有：材料调拨价格或市场价格的变动；材料采购计划编制不准确；进料数量未按经济批量办理；运输安排不当，增加了材料运输和途中损耗；没有在折扣期内及时付款，失去信用优惠等。这些原因引起的材料价格不利差异一般应由采购部门负责。还有一些可能因为生产上的原因引起材料的价格差异，如在生产经营中的临时紧急进货，使买价和运输费上升，由此形成的不利差异，应由生产部门负责。在分析价格差异时，还应注意区别主观因素和客观因素，对主观因素进行重点分析研究。

可能造成材料数量差异的原因主要有：材料质量差，废料过多；产品设计或工艺变更，用料标准未能及时调整；生产工人技术不熟练或不认真，造成废品、废料；机器设备

效率增减，使材料耗数量发生变化；材料的安全保管工作等。材料数量差异多是由企业内部可控因素造成的，在一般情况下应由生产部门负责，但有时则由其他部门负责，如由材料质量低劣而引起的耗用量增加，则由采购部门负责。

子情境 2　直接人工成本差异分析

（1）价差公式如下：

工资率差异＝实际工时×（实际工资率－标准工资率）

（2）量差公式如下：

人工效率差异＝（实际工时－标准工时）×标准工资率

【任务 8－2】思博公司本月生产产品 400 件，实际使用工时 890 小时，支付工资 4 539 元；直接人工的标准成本是 10 元/件，即每件产品标准工时为 2 小时，标准工资率为 5 元/小时。如图 8－3 所示且根据上述公式计算：

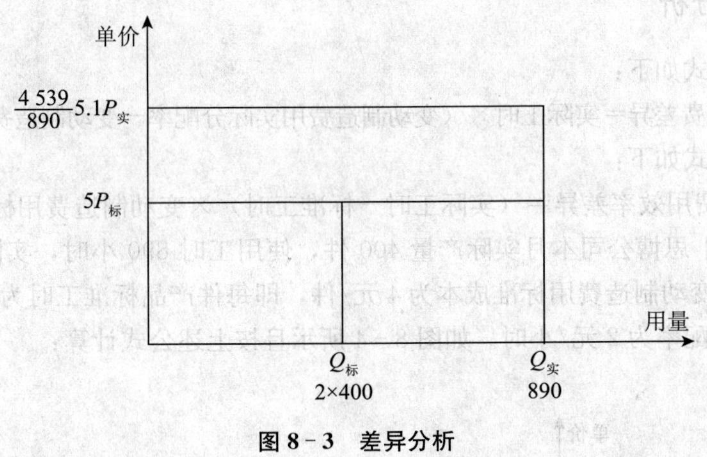

图 8－3　差异分析

工资率差异＝890×（$\frac{4\ 539}{890}$－5）＝890×（5.10－5）＝89（元）

人工效率差异＝（890－400×2）×5＝（890－800）×5＝450（元）

工资率差异与人工效率差异之和，应当等于人工成本总差异，并可据此验算差异分析计算的正确性。

人工成本差异＝实际人工成本－标准人工成本＝4 539－400×10＝539（元）

人工成本差异＝工资率差异＋人工效率差异＝89＋450＝539（元）

直接人工工资率通常较少变动，因为许多企业的大部分工资都是按照劳动合同规定的工资率支付的，除了因为修订劳动合同之外，一般不会导致工资率差异的出现。但在实际工作中，由于在具体安排工作时，也会由于某种原因造成工资率出现差异，由此而产生的责任，应由人力资源管理部门或生产部门承担。例如：高低工资工人的工作调度不当，高工资工人做低工资工人的工作，反之，季节性或临时性生产增发工资；出勤率发生变化等。除此之外，工资计算方法的变更、原工资标准未随工资变动而及时调整等都会造成工资率差异。由于导致工资率差异的原因多是不可控的，在分析工资率差异时，应针对具体情况进行评价说明，并与各部门的工作范围与责任结合。

可能造成效率差异的主要原因有：生产工人技术不熟练，未能在工时标准内完成任务；设备发生故障，停产等待修理，浪费工时；生产工艺变更，未能及时修订标准；生产计划安排不当，造成“窝工”；材料供应不及时，造成停工待料，浪费工时；材料质量低劣，使加工时间延长等。由于效率差异的原因基本上都是可控的，效率差异的主要责任，应由生产部门负责；但由于原材料供应不及时或由于生产工艺变化等引起的差异，应由采购部门及相关部门负责。因此，在分析效率差异时，应对承担不同责任的部门，分别考核与评价。

子情境 3　变动制造费用的差异分析

一、差异分析

（1）价差公式如下：

变动制造费用耗费差异＝实际工时×（变动制造费用实际分配率－变动制造费用标准分配率）

（2）量差公式如下：

变动制造费用效率差异＝（实际工时－标准工时）×变动制造费用标准分配率

【任务 8－3】思博公司本月实际产量 400 件，使用工时 890 小时，实际发生变动制造费用 1 958 元；变动制造费用标准成本为 4 元/件，即每件产品标准工时为 2 小时，标准的变动制造费用分配率为 2 元/小时。如图 8－4 所示且按上述公式计算：

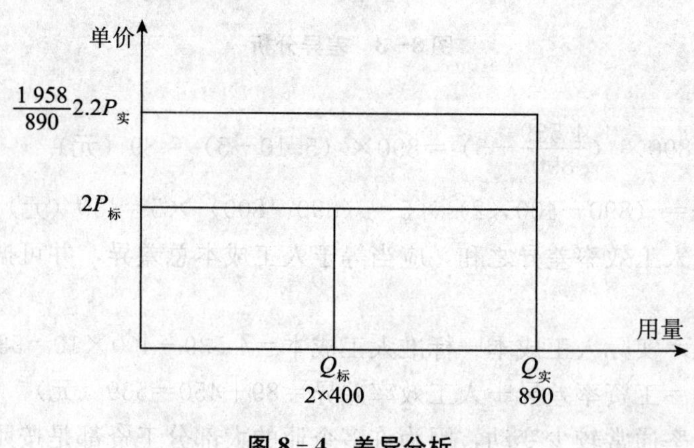

图 8－4　差异分析

变动制造费用耗费差异＝890×（$\frac{1\,958}{890}$－2）＝890×（2.2－2）＝178（元）

变动制造费用效率差异＝（890－400×2）×2＝90×2＝180（元）

验算过程如下：

变动制造费用成本差异＝实际变动制造费用－标准变动制造费用＝1 958－400×4＝358（元）

变动制造费用成本差异＝变动制造费用耗费差异＋变动制造费用效率差异＝178＋180＝358（元）

二、变动成本项目差异分析的责任归属（如表 8－2 所示）

表 8－2　　变动成本项目差异分析责任归属表

项目	数量差异			价格差异		
	材料数量差异	人工效率差异	变动制造费用效率差异	材料价格差异	人工工资率差异	变动制造费用耗费差异
主要责任部门	主要是生产部门的责任，但也不是绝对的（如采购材料质量差导致材料数量差异或工作效率慢是采购部门责任）			采购部门	由人事劳动部门管理	部门经理负责

一般来说，造成变动制造费用成本差异的原因主要有：预算或标准估计错误，实际变动制造费用的发生额与预计数发生偏差；间接材料价格的变化、间接人工工资的调整；间接材料质量低劣；其他各项费用控制不当等。耗费差异直接反映着管理部门支出控制的成效，因而是分析的重点。变动制造费用耗费差异由于其构成内容繁多，具体原因不同，在进行成本差异分析时，应分清哪些是可控的，哪些是不可控的，并根据具体情况确定其责任成本的归属对象。

子情境 4　固定制造费用成本差异分析

公式如下：

固定制造费用总差异＝实际制造费用－实际产量的标准固定制造成本

一、二因素分析法

二因素分析法，是将固定制造费用分为耗费差异和能量差异。公式如下：

固定制造费用耗费差异＝固定制造费用实际数－固定制造费用预算数

固定制造费用能量差异＝固定制造费用预算数－固定制造费用标准分配率

总差异＝实际固定制造费用－标准固定制造费用（实际产量下的）

上述公式中实际固定制造费用用①表示，标准固定制造费用用②表示。中间加一个 a（固定制造费用预算数）

分解：

$\begin{cases} ①-a=\text{耗费差异} \\ a-②=\text{能量差异} \end{cases}$

合计=①－②，预算数通常称为生产能力。

【任务 8-4】思博公司本月实际产量 400 件，发生固定制造成本 1 424 元，实际工时为 890 小时；企业生产能量为 500 件即 1 000 小时；每件产品固定制造费用标准成本为 3 元/件，即每件产品标准工时为 2 小时，标准分配率为 1.50 元/小时。

总差异=实际固定制造费用－标准固定制造费用（实际产量下的）

=1 424－800×1.5=1 200

a=1 000×1.5=1 500

分解：

$\begin{cases} \text{耗费差异}=1\,424-1\,500=-76 \\ \text{能量差异}=1\,500-1\,200=300 \end{cases}$

二、三因素分析法

三因素分析法是将固定制造费用的成本差异分为耗费差异、效率差异和闲置能量差异三部分。耗费差异的计算与二因素分析法相同。不同的是将二因素分析法中的“能量差异”进一步分解为两部分：一部分是实际工时未达到标准能量而形成的闲置能量差异；另一部分是实际工时脱离标准工时而形成的效率差异。有关计算公式如下：

$$\begin{cases} \text{耗费差异}=\text{固定制造费用实际数}-\text{固定制造费用预算数} \\ \qquad\quad=\text{固定制造费用实际数}-\text{固定制造费用标准分配率}\times\text{生产能量} \\ \text{闲置能量差异}=\text{固定制造费用预算}-\text{实际工时}\times\text{固定制造费用标准分配率} \\ \qquad\quad=(\text{生产能量}-\text{实际工时})\times\text{固定制造费用标准分配率} \\ \text{效率差异}=(\text{实际工时}-\text{实际产量标准工时})\times\text{固定制造费用标准分配率} \end{cases}$$

总差异=实际固定制造费用－标准固定制造费用（实际产量下的）

中间加一个 a（固定制造费用预算数）；再加一个 b（$Q_{实}\times P_{标}$）。

分解：

$\begin{cases} ①-a=\text{耗费差异} \\ a-b=\text{闲置能量差异（实际工时没有达到预算工时的差异）} \\ b-②=\text{效率差异}=Q_{实}\times P_{标}-Q_{标}\times P_{标}\text{（和前面的效率公式一样）} \end{cases}$

【任务 8-5】思博公司本月实际产量 400 件，发生固定制造成本 1 424 元，实际工时为 890 小时；企业生产能量为 500 件即 1 000 小时；每件产品固定制造费用标准成本为 3 元/件，即每件产品标准工时为 2 小时，标准分配率为 1.50 元/小时。

总差异=实际固定制造费用－标准固定制造费用（实际产量下的）

=1 424－800×1.5=1 200

a=1 000×1.5=1 500

b=890×1.5=1 335

分解：

{耗费差异＝1 424－1 500＝－76
闲置能量差异＝1 500－1 335＝165
效率差异＝1 335－1 200＝135

一般来说，造成固定制造费用耗费差异的原因主要有：资源价格的变动，如工资率增加或减少、税率变动等；某些酌量性固定成本，如职工培训费、差旅费等，因管理上的新决策而有所增减；资源的数量比预算增加或减少，如增加或减少职工，以及部门领导有的怕超预算而延缓酌量性成本的支出，有的怕实际支出过少会削减下期经费预算而增加不必要的开支等。所有这些，应分别对具体情况采取相应的对策。

造成固定制造费用能量差异、效率差异的原因主要有：市场萎缩，订货减少；原设计生产能量过剩；供应不足，停工待料；能源短缺，开工不足；机械故障，停工待修；产品调整，批量减少；人员技术水平有限，未能发挥设备能力等。能量差异是由于现有生产能力没有发挥出来而造成的差异，其责任主要应由高层管理人员负责，计划部门、生产部门、采购部门、销售部门等都可能负有一定的责任，应根据企业的具体情况确定。

1. 什么是标准成本？标准成本控制的作用有哪些？
2. 固定制造费用成本差异有哪两种？它们的区别是什么？

项目九　责任会计

(1) 能计算边际贡献、投资报酬率、剩余收益等责任中心的业绩评价和考核指标；

(2) 会编制成本中心、利润中心和投资中心的责任报告。

能力目标

(1) 掌握成本中心、利润中心和投资中心的业绩评价与考核方法；

(2) 熟悉各种业绩考核指标的计算方法、优缺点，以及内部转移价格的制定方法和适用范围；

(3) 了解责任会计制度的概念、内部转移价格的含义。

实例导入

北京思博服装有限责任公司是一家生产服装的民营企业，主要生产童装、女装、男装等。经过多年的发展，企业经营逐渐多元化，产品遍及全国各大中小城市。面对日益扩大的规模，集团的高层管理者逐渐感到力不从心，疲于奔命，并很难调动下层管理者的积极性。集团总裁田某意识到原来的集权管理模式已不适应当前的企业发展，必须实施分权管理，他初步的想法是设童装、女装、男装三个事业部，由董事担任事业部总经理，将“总裁—常务副总—生产副总—经理—车间主任”的管理架构调整为“总裁—事业部总经理—车间主任”，并明确各部门的权、责、利，设立相应的业绩评价方法。同时，田某也提出了自己的疑问：“思博服装未来应如何去管理各责任中心？怎样才能建立真正有效的业绩评价与考核体系?”

学习情境一　什么是责任会计

企业在预测、决策的基础上编制了全面预算，并对生产经营活动的各个方面制定了总的目标和具体任务。为了保证企业实现总体目标并完成具体任务，就必须把全面预算确定的各项指标按照内部管理系统的各个责任层次进行分解，形成“责任预算”，并使经济责

任落实到各个部门、各层组织乃至个人身上，这就需要在企业内部建立责任会计制度。

子情境 1　为什么要进行分权管理

第二次世界大战以后，随着经济全球化的发展，企业经营呈现多元化、规模扩大化的趋势，产生了大型跨国公司等各种集团型企业。由于这些企业规模庞大，产品种类繁多，组织结构复杂，分支机构遍布世界各地，公司高层管理者不可能了解企业组织所有的生产经营活动的情况，因此面对日益复杂的经营环境，许多企业选择了将决策权下放给公司各层管理人员的分权式管理模式。

所谓分权管理模式，就是将生产经营决策权在不同层次的管理人员之间进行适当划分，同时将决策权随同相应的经济责任下放给不同层次的管理人员，使其能对日常的经营活动作出及时有效的决策，以适应瞬息万变的市场竞争。

典型的分权式组织结构是事业部制，随着分权管理地不断深化，又有子公司制和扁平化组织产生。事业部制就是把分权管理与独立核算结合起来，在总公司的统一领导下，按产品、地区、顾客或市场划分经营单位（即事业部），各事业部实行相对的独立经营、独立核算，具有从生产到销售的全部职能，成为在总公司控制下的利润中心。比如通用电气、日本松下电器、福特汽车公司都是按照产品类别划分事业部，实行分权管理的。

企业实行分权管理，可以有效调动各级管理人员的积极性，提高工作效率，但是基层管理者的决策可能不符合公司总体的利益，或者可能与企业高层管理部门意见相左，这样最高管理部门就需要了解和评价各分权单位及其经理的业绩，加强企业内部监督和控制，而责任会计就是为满足这些需要应运而生的一种有效的管理控制工具。

子情境 2　责任会计的概念和基本程序

一、责任会计的概念

责任会计，是指以企业内部建立的各级责任中心为会计对象，以权、责、利的协调统一为目标，对责任中心进行控制、核算、分析和考核的一种会计管理活动。在分权制企业中，企业应根据各分权单位的权利和责任，对分权单位及其管理者业绩的计量、评价方式，将企业划分成各种不同形式的责任中心，并建立起以各个责任中心为主体的企业内部业绩的控制制度。

二、责任会计的基本程序

责任会计是管理会计系统的一个子系统，它是在企业内部建立若干个责任中心，并对其经济活动进行规划与控制的一整套专门会计管理活动。责任会计的基本程序包括以下几个方面。

1. 设立责任中心

责任中心是企业内部可以在一定责任范围内控制成本发生、收益实现和资金使用的组织单元。因此，企业首先应根据内部管理的需要，将企业所属的各部门、各单位划分为若干个责任中心，并明确规定对这些中心负责的经理、主任、科长甚至个人的职权范围。

2. 编制责任预算

企业需要把全面预算确定的目标和任务进行层层分解，落实到每个责任中心，并编制责任预算，以此作为评价和考核责任中心工作成果的依据。

3. 提交责任报告、考核预算执行情况

企业应根据内部结算制度，以责任单位和责任者为对象进行收入、成本、资金的归集、分类、计算与记录，并按责任单位的层次逐级汇总，从而对责任预算的执行情况进行跟踪考核。同时将实际结果与预算目标进行比较、分析，并提交“责任报告”或“业绩报告”。

4. 评价经营业绩、进行责任控制

企业高层管理者通过分析责任报告，可以对各责任中心的经营业绩进行评价和考核，并实施奖惩措施。同时，企业各部门要根据所属责任中心的业绩报告，经常分析核算结果与责任预算产生差异的原因，及时通过信息反馈，控制和调节它们的经营活动，并督促责任单位及时采取有效措施，促进各个责任中心完成责任目标。

学习情境二　如何进行责任中心的业绩评价与考核

子情境 1　什么是责任中心

责任中心是指具有一定的管理权限，并承担相应的经济责任的企业内部责任单位。一个企业可以逐级划分为不同层次的责任中心，凡是能够划清管理范围，明确经济责任，能单独进行业绩考核的内部单位都可以成为一个责任中心，比如小至一个部门、一个车间、一条生产线、一个班组、一项作业，大至某个分公司、一个工厂、某个地区、某个事业部等，都可以成为责任中心。

责任中心按其责任对象可分为成本中心、利润中心和投资中心三大类。

一、成本中心

(一) 成本中心的定义、类型和考核指标

1. 成本中心的定义

一个责任中心，如果不形成或者不考核其收入，而着重考核其所发生的成本和费用，这类中心称为成本中心。

2. 成本中心的特点

(1) 成本中心的特点是这个中心往往没有收入，或者有少量收入，但不成为主要的考核内容。(成本中心是没有收入这样的说法不正确)

（2）任何发生成本的责任领域，都可以确定为成本中心，大的成本中心可能是一个分公司、分厂，小的成本中心可以是车间、工段、班组。

3. 成本中心的类型及考核（如表 9－1 所示）

表 9－1　成本中心的类型及考核表

类型	标准成本中心	费用中心
产出物的特点	所生产的产品稳定而明确，产出物能用财务指标来衡量	产出物不能用财务指标来衡量
投入、产出之间的关系	投入和产出之间有密切关系的单位	投入和产出之间没有密切关系的单位
适用情况	各行业都可建立标准成本中心	费用中心包括一般行政管理部门，研究开发部门以及某些销售部门
考核指标	是既定产品质量和数量条件下的标准成本。 【提示 1】不对生产能力的利用程度负责，而只对既定产量的投入量承担责任，即不对闲置能量差异承担责任。 【提示 2】过高的产量，提前产出造成积压也应视为未按计划进行生产	通常使用费用预算来评价其成本控制业绩。 【提示】要结合费用中心的工作质量和服务水平做出有根据的判断

（二）责任成本及其计算

1. 责任成本的定义（考核的对象）

特定责任中心的全部可控成本。

2. 责任成本计算的特点（与变动成本计算、制造成本计算的主要区别）

表 9－2　成本计算的特点区分表

项目	责任成本计算	制造成本计算	变动成本计算
核算目的	评价成本控制业绩	按会计准则确定存货成本和期间损益	进行经营决策（相关成本）
成本计算对象	责任中心	产品	产品
成本的范围	只包括各责任中心的可控成本	直接材料、直接人工和全部制造费用	直接材料、直接人工和变动制造费用

续 表

项目	责任成本计算	制造成本计算	变动成本计算
共同费用的分配原则	按可控原则分配，谁控制谁负责，将可控的变动间接费用和可控的固定间接费用都要分配给责任中心	按受益原则分配。谁受益谁承担，要分摊全部的制造费用（既分摊变动制造费用，也要分摊固定制造费用）	按受益原则分配。谁受益谁承担，只分摊变动制造费用

（三）可控成本及其确定

1. 可控成本的定义

可控成本是指在特定时期内、特定责任中心能够直接控制其发生的成本。

在理解可控成本时要把握以下两个要点：

（1）可控成本总是针对特定责任中心来说的；

（2）区别可控成本和不可控成本，还要考虑成本发生的时间范围。

从整个企业的空间范围和很长的时间范围来观察，所有成本都是人的某种决策或行为的结果，都是可控的。

2. 确定可控成本的三原则

（1）假如某责任中心通过自己的行动能有效地影响一项成本的数额，那么该中心就要对这项成本负责。（有效影响）

（2）假如某责任中心有权决定是否使用某种资产或劳务，它就应对这些资产或劳务的成本负责。（有权决定）

（3）某管理人员虽然不直接决定某项成本，但是上级要求他参与有关事项，从而对该项成本的支出施加了重要影响，则他对该成本也要承担责任。（施加重要影响）

（四）制造费用归属和分摊方法

将发生的直接材料和直接人工费用归属于不同的责任中心通常比较容易，而制造费用的归属则比较困难。一般依次按下述五个步骤来处理（如表 9－3 所示）。

表 9-3 制造费用分摊步骤表

步 骤	处理范围和方式
1. 直接计入责任中心	指可以直接判别责任归属的费用项目，直接列入应负责的成本中心。 例如：机物料消耗、低值易耗品的领用
2. 按责任基础分配	对不能直接归属于个别责任中心的费用，优先采用责任基础分配。 例如：动力费、维修费
3. 按受益基础分配	有些费用不是专门属于某个责任中心的，但与各中心的受益多少有关，可按受益基础分配 例如：按装机功率分配电费
4. 归入某一个特定的责任中心	有些费用既不能用责任基础分配，也不能按受益基础分配，则考虑有无可能将其归属于一个特定的责任中心 例如：车间的运输费、试验检验费
5. 不进行分摊	不能归属于任何责任中心的固定成本，不进行分摊，可暂时不加控制，作为不可控费用。 例如：车间厂房的折旧

二、利润中心的业绩评价

（一）利润中心的定义、类型

1. 定义

一个责任中心，如果能同时控制生产和销售，既要对成本负责又要对收入负责，但没有责任或没有权力决定该中心资产投资的水平，因而可以根据其利润的多少来评价该中心的业绩，那么，该中心称为利润中心。

【提示】并不是可以计量利润的组织单位都是真正意义上的利润中心。从根本目的上看，利润中心是指管理人员有权对其供货的来源和市场的选择进行决策的单位。

2. 类型

（1）自然的利润中心：指可以直接向企业外部出售产品，在市场上进行购销。

（2）人为的利润中心：在企业内部按内部转移价格出售产品。

【注】有收入或有利润一定是利润中心，说法不正确。必须是有生产经营决策权。

（二）考核指标

对于利润中心进行考核的指标主要是利润。尽管利润指标具有综合性，但仍然需要一

些非货币的计量方法作为补充，包括生产率、市场地位、产品质量、职工态度、社会责任、短期目标和长期目标的平衡等。如表9－4所示。

表9－4　　指标计算表

指标及计算	特点
边际贡献＝销售收入－变动成本总额	以边际贡献作为利润中心的业绩评价依据不够全面
部门可控边际贡献＝边际贡献－可控固定成本	以可控边际贡献作为业绩评价依据可能是最好的，它反映了部门经理在其权限和控制范围内有效使用资源的能力
部门税前经营利润＝部门可控边际贡献－不可控固定成本	以部门税前经营利润作为业绩评价依据，可能更适合评价该部门对公司利润和管理费用的贡献，而不适合于部门经理的评价

（三）内部转移价格的种类和适用条件

1. 制订转移价格的目的

目的有两个：一个是防止成本转移带来的部门间责任转嫁，使每个利润中心都能作为单独的组织单位进行业绩评价；另一个是作为一种价格引导下级部门采取明智的决策，生产部门据此确定提供产品的数量，购买部门据此确定所需要的产品数量。

2. 内部转移价格的种类及特点

表9－5　　内部转移价格分类表

种　类	确定方法	应注意问题
市场价格	在中间产品存在完全竞争市场的情况下，市场价格减去对外的销售费用，是理想的转移价格	【提示1】适用于中间产品存在完全竞争市场的情况下； 【提示2】不能直接把市场价格作为内部转移价格
以市场为基础的协商价格	如果中间产品存在非完全竞争的外部市场，可以采用协商的办法确定转移价格	成功的协商转移价格依赖于下列条件：首先，要有一个某种形式的外部市场，两个部门经理可以自由地选择接受或是拒绝某一价格。其次，在谈判者之间共同分享所有的信息资源。再有，最高管理阶层的必要干预（非完全竞争）

续 表

种　类	确定方法	应注意问题
变动成本加固定费用转移价格	这种方法要求中间产品的转移用单位变动成本来定价，与此同时，还应向购买部门收取固定费用，作为长期以低价获得中间产品的一种报偿	适用于中间产品的最终市场需求比较稳定时。 【提示】当中间产品的最终市场需求很少时，市场风险都由购买部门承担，不太公平
全部成本转移价格	以全部成本或者以全部成本加上一定利润作为内部转移价格	会导致责任转嫁，可能是最差的选择

三、投资中心的业绩评价

（一）特点

投资中心的经理所拥有的自主权不仅包括短期经营决策权，而且还包括投资规模和投资类型等投资决策权。投资中心的经理不仅能控制除公司分摊管理费用外的成本和收入，而且能控制占用的资产。投资中心与成本中心、利润中心相比较的特点如表 9－6 所示。

表 9－6　　投资中心与成本中心、利润中心特点一览表

项　目	应用范围	权利	考核范围	考核指标
成本中心	最广	可控成本的控制权（最小）	可控的成本、费用	标准成本中心：是既定产品质量和数量条件下的标准成本。 费用中心：费用预算
利润中心	较窄	有权对其供货的来源和市场的选择进行决策的单位（经营决策权）	成本费用、收入、利润	边际贡献 部门可控边际贡献 部门税前经营利润
投资中心	最小	短期经营决策权、投资决策权（最大）	成本费用、收入、利润、投资效果	部门投资报酬率 剩余收益 经济增加值

（二）考核指标

1. 部门投资报酬率（部门不单独纳税，用的是税前）

（1）计算公式如下：

部门投资报酬率＝部门税前经营利润÷部门平均净经营资产

（2）指标优点有以下四点：

①它是根据现有的会计资料计算的，比较客观；②相对数指标，可用于部门之间以及不同行业之间的比较；③用它来评价每个部门的业绩，促使其提高本部门的投资报酬率，有助于提高整个公司的投资报酬率；④部门投资报酬率可以分解为投资周转率和部门税前经营利润率两者的乘积，并可进一步分解为资产的明细项目和收支的明细项目，从而对整个部门的经营状况作出评价。

$$\begin{aligned}投资报酬率&=\frac{报酬}{投资额}\\&=\frac{报酬}{收入}\times\frac{收入}{投资额}\\&=销售利润率\times投资周转率\end{aligned}$$

（3）指标缺点如下：

部门经理会放弃高于资本成本而低于目前部门投资报酬率的机会，或者减少现有的投资报酬率较低但高于资本成本的某些资产，使部门的业绩获得较好评价，但却伤害了公司整体的利益（次优化）。

【任务 9-1】北京思博服装有限责任公司有 A 和 B 两个部门，有产数据如表 9-7 所示。

表 9-7　　数据表　　单位：元

项　目	A 部门	B 部门
部门税前经营利润	108 000	90 000
所得税（税率 25%）	27 000	22 500
部门税后经营利润	81 000	67 500
平均经营资产	900 000	600 000
平均经营负债	50 000	40 000
平均净经营资产（投资资本）	850 000	560 000

若公司要求的投资税前报酬率为 11%，要求：

（1）计算 A、B 两个部门的投资报酬率。

$$A部门投资报酬率=\frac{部门税前经营利润}{部门平均净经营资产}\times100\%=\frac{108\ 000}{850\ 000}\times100\%=12.7\%$$

$$B部门投资报酬率=\frac{90\ 000}{560\ 000}\times100\%=16.07\%$$

（2）B 部门经理面临一个投资税前报酬率为 13% 的投资机会，投资额为 100 000 元，每年部门税前经营利润 13 000 元。若利用投资报酬率评价部门业绩，B 部门是否接受投资？

接受投资后B部门的投资报酬率$=\frac{90\ 000+13\ 000}{560\ 000+100\ 000}\times 100\%=15.61\%$，该投资税前报酬率为13%，超过了公司要求的报酬率，对公司有利，但由于低于接受前的投资报酬率16.07%，若利用投资报酬率评价部门业绩，B部门不愿接受投资。

(3) 假设B部门现有一项资产价值50 000元，每年税前获利6 500元，投资税前报酬率为13%，若利用投资报酬率评价部门业绩，B部门是否会放弃该投资？

放弃投资后的投资报酬率$=\frac{90\ 000-6\ 500}{560\ 000-50\ 000}\times 100\%=16.37\%$

该投资税前报酬率为13%，超过了公司要求的报酬率，对公司有利，但B部门经理却愿意放弃该项资产，以提高部门的投资报酬率。

2. 部门剩余收益

(1) 计算公式如下：

部门剩余收益＝部门税前经营利润－部门平均净经营资产×要求的报酬率（税前报酬率）

＝部门平均净经营资产×（部门投资报酬率－要求的报酬率）

(2) 指标优点：①与增加股东财富的目标一致，可以使业绩评价与公司的目标协调一致，引导部门经理采纳高于公司资本成本的决策；②允许使用不同的风险调整资本成本。

(3) 指标缺点：该指标是绝对数指标，不便于不同部门之间的比较。

【任务9-2】北京思博服装有限责任公司有A和B两个部门，有关数据如表9-8所示。

表9-8　　数据表　　单位：元

项　目	A部门	B部门
部门税前经营利润	108 000	90 000
所得税（税率25%）	27 000	22 500
部门税后经营利润	81 000	67 500
平均经营资产	900 000	600 000
平均经营负债	50 000	40 000
平均净经营资产（投资资本）	850 000	560 000

要求：

(1) 假设A部门要求的税前报酬率为10%，B部门的风险较大，要求的税前报酬率为12%，计算两部门的剩余收益。

A部门剩余收益＝部门税前经营利润－部门平均经营资产×要求的报酬率

＝108 000－850 000×10%＝23 000（元）

B部门剩余收益＝90 000－560 000×12%＝22 800（元）

(2) 如果采用剩余收益作为部门业绩评价标准，B部门经理如果采纳前面提到的投资机会（税前报酬率为13%，投资额为100 000元，每年税前获利13 000元），其剩余收益为多少？

采纳投资方案后剩余收益＝（90 000＋13 000）－（560 000＋100 000）×12%＝23 800（元）

比原来的剩余收益多了1 000元，愿意采纳。

（3）B部门经理如果采纳前面提到的减少一项现有资产的方案（价值50 000元，每年税前获利6 500元，投资税前报酬率为13%），其部门剩余收益为多少？

采纳减资方案后剩余收益＝（90 000－6 500）－（560 000－50 000）×12%＝22 300（元）

比原来的剩余收益少，不应该减资。

因此，B部门经理会采纳投资方案而放弃减资方案，与公司总目标一致。

3. 经济增加值

（1）计算公式如下：

经济增加值＝调整后税前经营利润－加权平均税前资本成本×调整后的投资资本

（2）与剩余收益的联系。剩余收益业绩评价旨在设定部门投资的最低报酬率，防止部门利益伤害整体利益；而经济增加值旨在使经理人员赚取超过资本成本的报酬，促进股东财富最大化。

（3）与剩余收益的区别。由于经济增加值与公司的实际资本成本相联系，因此是基于资本市场的计算方法，资本市场上权益成本和债务成本变动时，公司要随之调整加权平均资本成本；计算剩余收益使用的部门要求的报酬率，主要考虑管理要求以及部门个别风险的高低。

【任务9-3】北京思博服装有限责任公司有A和B两个部门，有关数据如表9-9所示。

表9-9 数据表 单位：元

项　目	A部门	B部门
部门税前经营利润	108 000	90 000
平均经营资产	900 000	600 000
平均经营负债	50 000	40 000

要求：

（1）假设所得税税率为30%，加权平均税前资本成本为11%，并假设没有需要调整的项目，计算A、B两部门的经济增加值。

A部门经济增加值＝调整后税前经营利润－调整后投资资本×加权平均资本成本
＝108 000－850 000×11% ＝14 500（元）

B部门经济增加值＝90 000－560 000×11%＝28 400（元）

（2）B部门经理如果采纳前面提到的投资机会（报酬率为13%，投资额100 000元，

每年税前获利 13 000 元)，计算 B 部门经济增加值。

采纳投资方案后经济增加值＝（90 000＋13 000）－（560 000＋100 000）×11％＝30 400（元）

由于经济增加值提高，因此 B 部门经理会接受该项目。

(3) B 部门经理如果采纳前面提到的减少一项现有资产的方案（价值 50 000 元，每年税前获利 6 500 元，投资税前报酬率为 13％)，计算 B 部门经济增加值。

采纳减资方案后经济增加值＝（90 000－6 500）×（1－30％）－（560 000－50 000）×11％＝27 400（元）

因此，B 部门经理会采纳投资方案而放弃减资方案，与公司总目标一致。

【任务 9－4】已知某集团公司下设三个投资中心，有关资料如表 9－10 所示。

表 9－10　　资料表

指　标	集团公司	A 投资中心	B 投资中心	C 投资中心
部门税前营业利润（万元）	34 650	10 400	15 800	8 450
部门经营资产平均占用额（万元）	315 000	94 500	145 000	75 500
平均经营负债（万元）		20 000	40 0 00	10 000
规定的最低税前投资报酬率		10％	9％	11％
集团公司的税前资本成本	8％			
所得税税率	25％			

要求：

(1) 计算该集团公司和各投资中心的部门投资报酬率，并据此评价各投资中心的业绩。

(2) 计算各投资中心的剩余收益，并据此评价各投资中心的业绩。

(3) 计算各投资中心的经济增加值，并据此评价各投资中心的业绩。

【答案】

(1) 部门投资报酬率的计算如下：

①集团公司部门投资报酬率＝$\frac{34\ 650}{315\ 000}\times 100\%=11\%$

②A 投资中心的部门投资报酬率＝$\frac{10\ 400}{94\ 500-20\ 000}\times 100\%\approx 13.96\%$

③B 投资中心的部门投资报酬率＝$\frac{15\ 800}{145\ 000-40\ 000}\times 100\%\approx 15.05\%$

④C 投资中心的部门投资报酬率＝$\frac{8\ 450}{75\ 500-10\ 000}\times 100\%\approx 12.9\%$

⑤评价：B投资中心业绩最优，A投资中心次之，C投资中心业绩最差。

(2) 剩余收益的计算如下：

①A投资中心的剩余收益＝10 400－74 500×10%＝950（万元）

②B投资中心的剩余收益＝15 800－105 000×9%＝6 350（万元）

③C投资中心的剩余收益＝8 450－65 500×11%＝1 245（万元）

④评价：B投资中心业绩最优，C投资中心次之，A投资中心业绩最差。

(3) 经济增加值的计算如下：

①A投资中心的经济增加值＝10 400－（94 500－20 000）×8%＝4 440（万元）

②B投资中心的经济增加值＝15 800－（145 000－40 000）×8%＝7 400（万元）

③C投资中心的经济增加值＝8 450－（75 500－10 000）×8%＝3 210（万元）

④评价：B投资中心业绩最优，A投资中心次之，C投资中心业绩最差。

学习情境三　如何制定内部转移价格

子情境1　什么是内部转移价格

企业在实行分权管理的情况下，各责任中心之间会互相提供产品和劳务，为了区分各责任中心的经济责任，正确计算经营业绩，就必须对企业内部交易结算和内部责任结转确定一个合理的价格，这就是内部转移价格。与外部市场价格不同，内部转移价格所涉及的交易双方是处于同一个企业中的市场部门或责任中心，它对销售产品的分部而言是收入，对购入产品的分部而言是成本，因此转移价格同时影响着两个责任中心的赢利能力，所以两个分部的经理都很关心转移价格的制定过程，即转移定价。这实际上是企业内部利益分配的一种机制，它会影响到企业利润在各部门之间的重新分配，因此，只有合理地制定内部转移价格，才能明确划分各责任中心的经济责任，客观、公正地进行业绩考核，为企业和各责任中心的预测和决策提供可靠的依据，并保证责任会计制度的顺利执行。

子情境2　内部转移价格的制定原则

(1) 内部转移价格必须有利于企业整体利益，并兼顾各方利益。比如各责任中心的中间产品在企业内部转移对企业整体有利，则应遵循鼓励提供中间产品的责任中心在内部转让而不向外出售。有关利润或投资中心之间的产品或劳务交易活动，应尽量以市场价格作为内部转移价格的基础价格。

(2) 内部转移价格的制定必须公正合理，避免主观随意性。

(3) 内部转移价格要为供求双方自愿接受。

子情境 3　内部转移价格的制定方法

企业常用的内部转移价格可分为两类：一是成本中心或人为利润中心提供转让的中间产品或劳务，一般以成本作为制定内部转移价格的基础；二是自然利润中心或投资中心之间相互转让产品或劳务，一般应以市场价格为制定内部转移价格的基础。常用的内部转移价格方法主要有标准成本法、完全成本法、变动成本法、成本加成法、市场价格法、协商价格法和双重价格法等。

1. 标准成本法

标准成本法是以各中间产品的标准成本作为内部转移价格的方法。这种方法能够避免上游责任中心的浪费和低效率转嫁给下游责任中心的现象，有利于明确经济责任，并可以及时办理内部转移手续，减少等待时间，有利于缩短成本计算和报表编制过程。但由于采用标准成本，使转出单位得不到任何利润，对转出单位不利。标准成本法适用于成本中心之间相互转移中间产品时采用。

2. 完全成本法

完全成本法是以包括变动成本和固定成本在内的完全成本为基础制定内部转移价格的方法。这种方法是以中间产品生产时发生的实际成本为基础，具有一定的客观性，便于利用财务会计资料，简单可靠。但是以完全成本为计价基础，会使提供中间产品的责任中心的成绩或低效率全部转嫁给使用部门，造成双方责任不清，不利于责任中心的考核。

3. 变动成本法

变动成本法是以变动成本为内部转移价格结算有关责任中心之间产品成本或劳务交易的方法。这种方法由于没有考虑固定成本，有助于各责任中心在排除间接费用的不利影响下，尽量选择购买企业内部其他责任中心的产品，从而避免企业生产能力闲置和购买费用增加。这种方法对采购部门过分有利，而不利于提高销售部门经理的积极性，因为以变动成本作为内部转移价格可能会使提供产品的责任中心无法收回固定成本而发生亏损，企业也无法对其进行恰当的业绩评价。

4. 成本加成法

成本加成法是指在标准成本、完全成本或变动成本的基础上，再追加一定的利润，作为内部转移价格的方法。这种方法能够避免成绩或不足的转嫁现象，便于分清双方责任，并可以使产品转出的责任中心获取一定的利润，有利于调动他们的生产积极性，但在实际工作中很难确定让交易双方都满意的“加成额”。一般可以投资额为基础，按照一定的投资报酬率来计算应加成的合理的利润，但如果以变动成本作为加成的基础，还应包括应补偿的固定成本，有时还会通过协商来确定加成百分比。

这种方法适用于产品或劳务的转移涉及利润中心或投资中心时采用。

5. 市场价格法

如果对于转移产品或劳务而言，存在一个完全竞争的外部市场，且各责任中心确实是独立且在公开市场中进行买卖的，就可以采用市场价格作为内部转移价格。以市场价格为基础制定的内部转移价格比较客观公正，对责任中心的业绩评价比较合理可信，且能够促使供应方加强管理，不断降低生产成本。但由于市场价格受供求关系的影响会经常波动，并且内部转移产品和劳务能够节约运输、包装等销售费用，因此在制定内部转移价格时也不宜直接采用市场价格，而应适当加以调整。这种方法适用于独立经营核算的利润中心之间转移产品时采用。

6. 协商价格法

协商价格法是以市场价格为基础，购销双方共同协商而确定的一种结算价格方法。这种内部转移价格不仅要为购销双方所乐于接受，而且要以企业总体有利为前提，有利于兼顾有关责任中心各自的利益。但如果企业内部供需双方通过协商仍不能达成一致时，通常要由上级管理当局进行仲裁。这种方法适用于某种产品或劳务没有现成的市场价格或存在多种市场价格选择的情况。

7. 双重价格法

双重价格法是指在产品或劳务出现几种不同的市场价格的情况下，或为了同时满足不同责任中心的需求，供需双方对所发生的购销活动分别采用不同的计价基础进行结算的方法。比如当某种产品或劳务有几个市场价格时，提供产品或劳务的责任中心可以按最高市价结算，而接受产品或劳务的责任中心可以按最低价格结算。这种方法可以满足交易双方的需求，有助于提高买卖双方的积极性，适用于中间产品有外部市场，供应部门的生产能力不受限制的情况下采用。

1. 什么是责任会计？为什么要建立责任会计制度？
2. 什么是责任中心？责任中心有哪几种？它们之间有什么区别？
3. 对成本中心与利润中心的业绩进行评价和考核有什么不同？

参考文献

[1] 余绪缨．管理会计学［M］．北京：中国人民大学出版社，1999.
[2] 杨鉴淞．管理会计学［M］．上海：立信会计出版社，2005.
[3] 于增彪．管理会计［M］．北京：清华大学出版社，2014.
[4] 冯巧根．管理会计［M］．北京：中国人民大学出版社，2013.
[5] 许金叶．管理会计［M］．北京：清华大学出版社，2012.